歴史紀行
ガイド

渋沢栄一の
足跡をたどる旅

TOKYO NEWS BOOKS

歴史紀行ガイド

渋沢栄一の足跡をたどる旅

目次 contents

【第三章】官から民へ 実業家時代

【第四章】教育・福祉・外交にも奔走

DATAの見かた
☎電話番号　住 所在地　営 営業時間　休 休業日(年末年始・長期休暇などは直接お問い合わせください)
料 料金　P 駐車場の有無　交 アクセス　他 その他特記事項

※コロナウィルス感染症対策に伴い、営業時間の短縮や臨時休業の場合があります。おでかけの際には、事前に電話等でご確認ください。
※本誌の掲載データは、2020年10月現在のものです。その後、各施設の都合により変更になる場合がありますので、予めご了承ください。
※掲載している金額は一部を除いて税込みです。

【はじめに】

Shibusawa Eiichi

深谷市

渋沢 栄一

新一万円札の肖像のほか、大河ドラマの主人公にも決まり、大きな注目を集める渋沢栄一。日本の近代経済社会の礎を築き、産業の発展に寄与した生涯を、ゆかりの地とともにひも解く

2019年、新一万円札の肖像に渋沢栄一が描かれることが発表された。一万円札に描かれる人物としては、聖徳太子、福沢諭吉に次いで3人目となる。

渋沢栄一は、天保11(1840)年に武蔵国榛沢郡(現・埼玉県深谷市)の富農の家に生まれ、元治元(1864)年に一橋慶喜に仕えた。慶応3(1867)年には、慶喜の弟、徳川昭武に従いフランスへ渡航。その時に触れた欧州の文化や技術

新一万円券のイメージ

渋沢栄一記念館の銅像

2024年から新一万円の顔に

2024年度前半に紙幣のデザインが刷新。一万円札の肖像画は40年ぶりに交代で、福沢諭吉から渋沢栄一になる。一万円、五千円には、肖像の3D画像が回転する最先端のホログラムを採用する。裏に描かれているのは東京駅(丸の内駅舎)。

が、実業家・渋沢栄一の礎を築いた。大政奉還後は大蔵省に入省。退官後は、第一国立銀行、東京株式取引所(現・東京証券取引所)、東京商法会議所(現・東京商工会議所)など500以上もの企業の設立などに関わったといわれ、その功績から「近代日本経済の父」とも称されている。

また、一橋大学の前身である商法講習所の設立や、日本赤十字社の創設など、教育、社会福祉の発展に寄与した。民間外交、国際親善にも尽力し、ノーベル平和賞候補にも2度選ばれている。

本書では、渋沢栄一の生涯とともに、栄一、そしてその周囲の人々のゆかりの地を紹介。故郷の深谷市や、栄一が暮らした東京の飛鳥山など、偉大な実業家の足跡をたどる旅にでかけよう。

渋沢栄一の生涯

■年譜 1840-1931

西暦	和暦	年齢	主なできごと	日本と世界の動き
1840	天保11年	0	2月13日、現在の埼玉県深谷市血洗島に生まれる	アヘン戦争勃発
1847	弘化4年	7	従兄の尾高惇忠から漢籍を学ぶ	
1854	安政元年	14	家業の畑作、養蚕、藍問屋業に精励	
1858	安政5年	18	従妹の千代（尾高惇忠の妹）と結婚	日米修好通商条約、 安政の大獄
1863	文久3年	23	高崎城乗っ取り、横浜焼き討ちを企てるが、 計画を中止し京都に出奔	井伊大老暗殺 （1860年）
1864	元治元年	24	一橋慶喜に仕える	外国艦隊下関を砲撃
1865	慶応元年	25	一橋家歩兵取立御用掛を命ぜられ領内を巡歴	
1866	慶応2年	26	徳川慶喜、征夷大将軍となり、栄一は幕臣となる	第二次長州征討、薩長同盟
1867	慶応3年	27	徳川昭武に従ってフランスへ出立（パリ万博使節団）	大政奉還、王政復古
1868	明治元年	28	明治維新によりフランスより帰国、静岡で慶喜に面会	戊辰戦争 （1868～1869年）
1869	明治2年	29	静岡藩に「商法会所」設立 明治政府に仕え、民部省租税正となる 民部省改正掛掛長を兼ねる	東京遷都 東京～横浜間に 電信開通
1870	明治3年	30	官営富岡製糸場設置主任となる	平民に苗字使用許可
1871	明治4年	31	紙幣頭となる。『立会略則』発刊	廃藩置県
1872	明治5年	32	大蔵少輔事務取扱。抄紙会社設立出願	新橋～横浜間鉄道開通
1873	明治6年	33	大蔵省を辞める。第一国立銀行開業・総監役 抄紙会社創立（後に王子製紙会社・取締役会長）	国立銀行条例発布 地租改正条例布告
1875	明治8年	35	第一国立銀行頭取。商法講習所創立	
1876	明治9年	36	東京会議所会頭 東京府養育院事務長（後に院長）	私立三井銀行開業
1877	明治10年	37	択善会創立（後に東京銀行集会所・会長） 王子西ヶ原に別荘を建てはじめる	西南戦争

江戸時代末期に生まれ、激動の時代に青年期を過ごした。
明治以降は、官民両方の立場から日本産業の発展に貢献。
まずは、渋沢栄一の91年の生涯を年表でふりかえろう

西暦	和暦	年齢	主なできごと	日本と世界の動き
1878	明治11年	38	東京商法会議所創立・会頭(後に東京商業会議所・会頭)	
1880	明治13年	40	博愛社創立・社員(後に日本赤十字社・常議員)	
1884	明治17年	44	日本鉄道会社理事委員(後に取締役)	華族令制定
1885	明治18年	45	日本郵船会社創立(後に取締役)、東京養育院院長、 東京瓦斯会社創立(創立委員長、後に取締役会長)	内閣制度制定
1886	明治19年	46	「竜門社」創立。東京電灯会社設立(後に委員)	
1889	明治22年	49	東京石川島造船所創立・委員(後に取締役会長)	大日本帝国憲法公布
1890	明治23年	50	貴族院議員に任ぜられる	第一回帝国議会
1891	明治24年	51	東京交換所創立・委員長	
1907	明治40年	67	帝国劇場会社創立・創立委員長(後に取締役会長)	恐慌、株式暴落
1908	明治41年	68	アメリカ太平洋沿岸実業家一行招待	
1909	明治42年	69	多くの企業・団体の役員を辞任 渡米実業団を組織し団長として渡米 タフト大統領と会見	
1914	大正3年	74	日中経済界の提携のため中国訪問	第一次世界大戦勃発
1917	大正6年	77	日米協会創立・名誉副会長	事実上の金本位停止
1920	大正9年	80	国際連盟協会創立・会長。子爵を授けられる	株式暴落(戦後恐慌)
1923	大正12年	83	大震災善後会創立・副会長	関東大震災
1926	大正15年	86	日本太平洋問題調査会創立・評議員会長 日本放送協会創立・顧問	
1927	昭和2年	87	日本国際児童親善会創立・会長 日米親善人形歓迎会を主催	金融恐慌勃発
1928	昭和3年	88	日本航空輸送会社創立・創立委員長 日本女子高等商業学校発起人	
1931	昭和6年	91	11月11日永眠	満州事変

公益財団法人渋沢栄一記念財団HPより抜粋

◆渋沢栄一と関係が深い人物◆

本書では、渋沢栄一と関係が深い人物を含めたゆかりの地を紹介する。
栄一のゆかりの地とともに、訪ねてみてはいかがだろう

栄一の思想に大きな影響を与えた学問の師

尾高《おだか》 惇忠《じゅんちゅう》 文政13～明治34年(1830～1901)

栄一の従兄。通称は新五郎、雅号は藍香《らんこう》。栄一は少年時代から惇忠のもとに通い、論語をはじめとする多くの学問を師事した。栄一の雅号を「青淵《せいえん》」と付けた人物でもあり、後に「藍香ありてこそ青淵あり」と称えられた。明治新政府では民部省の役人となり、栄一が設立に関わった富岡製糸場の初代場長を務めた。

栄一が生涯をかけて尽くした徳川幕府最後の将軍

徳川《とくがわ》 慶喜《よしのぶ》 天保8～大正2年(1837～1913)

水戸藩9代藩主・徳川斉昭の7男。幼名は七郎磨。弘化4(1847)年、12代将軍・家慶の命で一橋徳川家を継ぎ、元服して慶喜と名乗る。慶応2(1866)年、15代将軍となる。一橋家の財政立て直しに腕を振るった家臣の栄一を重用し、明治以降も厚い信頼関係が続いた。栄一は20年以上かけ、慶喜の伝記『徳川慶喜公伝』の編纂に取り組んだ。

若き栄一と常に行動をともにした幼なじみ

渋沢《しぶさわ》 喜作《きさく》
天保9～大正元年
(1838～1912)

栄一の従兄。栄一とともに一橋家に仕官し、幕臣に。「彰義隊」の隊長を務め、振武《しんぶ》軍を結成して官軍と戦った。飯能戦争で敗れると、榎本武揚の軍に参加し五稜郭に立てこもる。牢獄生活を経て、栄一の推薦で大蔵省に出仕。辞職後は実業家となり、廻米問屋や生糸問屋などを営んだ。

幻の将軍ともいわれる慶喜の弟 栄一とともにフランスへ

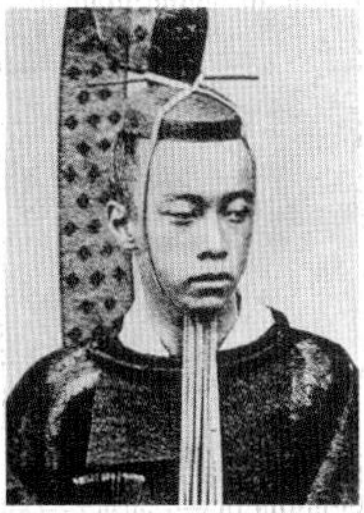

徳川《とくがわ》 昭武《あきたけ》

嘉永6～明治43年
(1853～1910)

徳川斉昭の18男。慶喜の名代としてパリ万国博覧会参加のためにフランスに渡る。万博終了後は留学し、明治元(1868)年に帰国。水戸藩主となる。晩年は、千葉松戸の戸定邸で多くの時間を過ごした。栄一は会計係として訪欧使節団一行に参加し、ヨーロッパ諸国をともに巡った。

栄一の養子になった後 新政府軍との戦いへ

渋沢史料館所蔵

渋沢平九郎《しぶさわへいくろう》

弘化4～慶応4年
(1847～1868)

尾高家に生まれ、栄一の従弟であり、義弟にあたる。慶応3(1867)年、栄一がパリ万博に行く際に養子となり、江戸で生活を始めた。翌年、彰義隊、振武軍に参加し飯能戦争に臨むが、黒山村(現・埼玉県越生町)で自決する。若くして最期を遂げた平九郎を、栄一はひどく悲しんだ。

栄一と深く関わった 政治家たち

伊藤《いとう》 博文《ひろぶみ》

天保12～明治42年
(1841～1909)

初代内閣総理大臣。栄一が大蔵省に出仕した際、少輔を務めていた。富岡製糸場の設立などに大きく関わった人物でもある。

大隈《おおくま》 重信《しげのぶ》

天保9～大正11年
(1838～1922)

栄一を口説き落とし、明治政府の大蔵省に引き入れた。日本初の政党内閣を組閣し、後の早稲田大学を創立した政治家・教育者。

井上《いのうえ》 馨《かおる》

天保6～大正4年
(1836～1915)

明治政府の大蔵省で栄一と出会い、ともに財務の健全化に努めた。栄一が実業家に転身した後も、さまざまな事業で協力関係にあった。

◉ 渋沢栄一とその周囲の人々

ゆかりの地
歴史紀行マップ

数多くの企業・団体に関わってきた渋沢栄一だけに、
彼のゆかりの地は全国各地に数えきれないほどある。
本書では、そのなかから代表的なスポットを厳選。
そのほか、徳川慶喜ら、栄一と関わりの深い人々のゆかりの地、
そして、記念館やミュージアム、関連施設なども合わせて紹介する

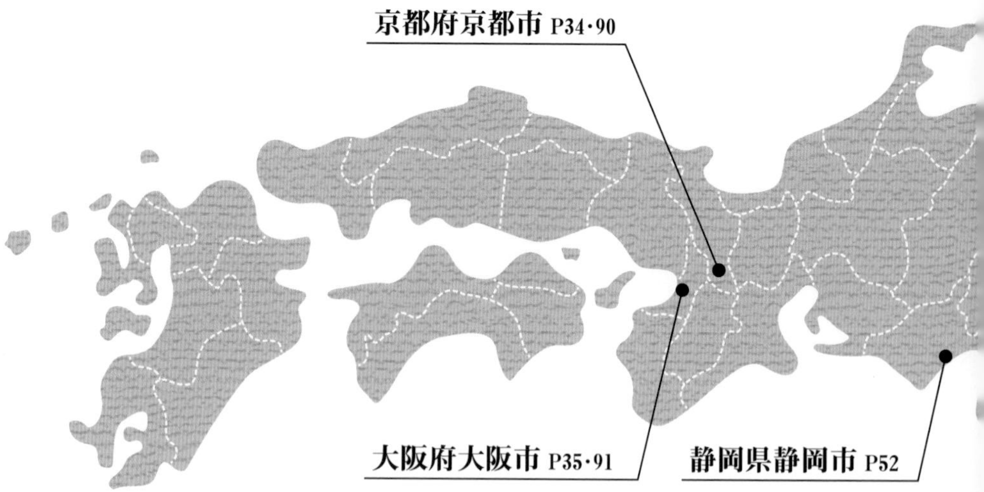

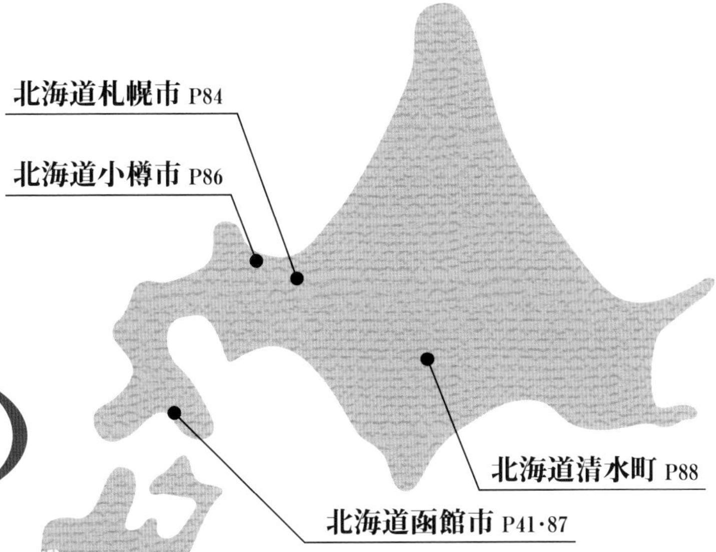
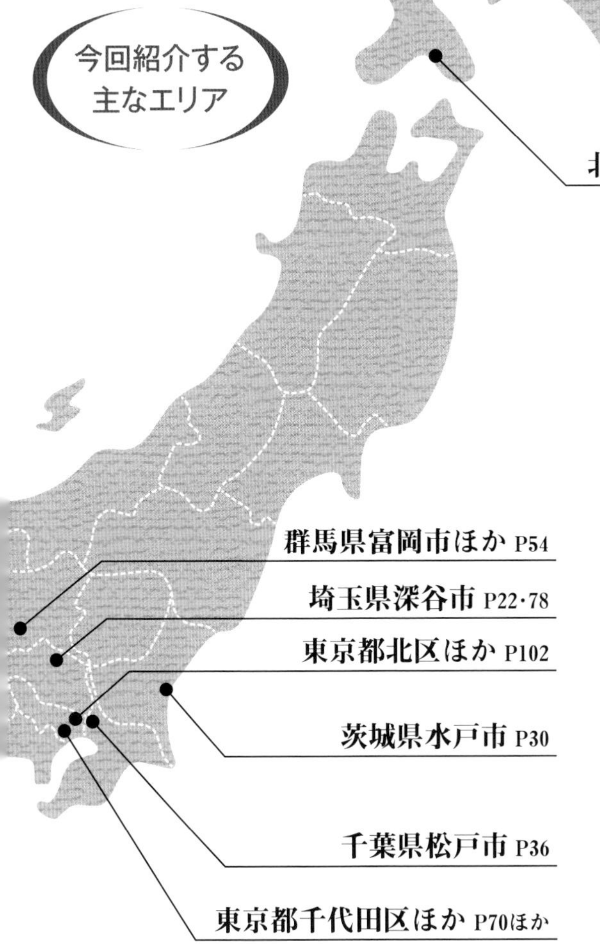

1 [埼玉県深谷市] 渋沢栄一記念館
2 [埼玉県深谷市] 旧煉瓦製造施設
3 [群馬県富岡市] 富岡製糸場
4 [茨城県水戸市] 弘道館

5 [千葉県松戸市] 戸定邸・戸定歴史館
6 [東京都千代田区] 東京商工会議所
7 [東京都中央区] 東京証券取引所
8 [東京都北区] 渋沢史料館

9 [静岡県静岡市] 浮月楼
10 [京都府京都市] 京都ホテルオークラ
11 [大阪府大阪市] 大阪市中央公会堂

【第一章】

若き日の渋沢栄一

◉生誕から一橋家仕官まで

慶応3(1867)年頃の渋沢栄一（渋沢史料館所蔵）

企業は利益を追求するだけでなく、
広く公益のために尽くさなければならない。
そう説いた渋沢栄一の原点は、家業と教育、
そして、青年期の出会いにあった

渋沢栄一の生家「中の家」全景（渋沢史料館所蔵）

江戸末期に生まれ、文武に優れる

渋沢栄一は天保11（1840）年2月13日、武蔵国榛沢郡血洗島（現・埼玉県深谷市血洗島）に生まれた。幼名は市三郎だったが、栄治郎や栄一郎など幾度か名を変え、17歳の頃に栄一に改めた。栄一となったのちもまた、異なる通称を折々に用いており、名前の変更は幾度にも及んだ。たびたび名を変えるのは、江戸時代や明治初期には普通のことであったらしい。さらに栄一という名も「ヒデカズ」と読んだ時期があるというから複雑だ。

天保年間は江戸時代の末期で、天保8（1837）年には大塩平八郎の乱が起こるなど、徳川幕府の権威に陰りが見え始めた時代であった。この時期に、維新回転の大事業にかかわった多くの人材が生まれている。天保6（1836）年には坂本龍馬、井上馨、同9（1838）年には大隈重信、同10（1839）年には高杉晋作、同12（1841）年には伊藤博文が生まれ、そのうちの幾人かと、のちに栄一は大事業を成し遂げることになるのだ。

生家は血洗島に代々続く裕福な農家であった。家業は畑作や養蚕のほかに、藍葉の買い入れや藍玉の製造・販売を行っており、岡部藩・安部摂津守から、その功績を認められて名字帯刀を許されていたという。

若き日に学んだ論語の倫理観や商売の機微がビジネスの基本に

父親の渋沢市郎右衛門は謹厳実直で、教養のある人物だった。栄一は弘化2(1845)年、5歳の頃に初めて父から素読を習い、のちに漢籍を従兄であった尾高惇忠に、武芸は同じく従兄の渋沢新三郎に学んだ。

嘉永6(1853)年、13歳になった頃には、学業の合間に家業にも精励し、畑作や藍葉の買い入れ、藍玉の製造や販売を手伝うようになった。この当時、染料としての藍は液体として持ち運びに適さなかったため、藍を固めて藍玉にして運搬・販売するようになっていた。血洗島の絹や藍玉は、まだ全国的には知られておらず、西国の名品に比べて品質が若干劣ると思われていたようだ。

この年、国内では大事件が起きている。ペリーが率いるアメリカ合衆国艦船4隻の浦賀来航だ。ペリーらは国書を幕府に渡し、開港と通商を迫った。江戸城下では、「太平のねむりをさます上喜撰(蒸気船) たった四はいで夜もねられず」という狂歌が詠まれたが、この歌からは、当時の幕府や住民の狼狽ぶりがうかがえる。

大人になりかけていた渋沢栄一の心も穏やかではなかった。威圧に屈することを潔しとしない当時の武士たちと同じように、外国勢力を排除しよういう「攘夷」の思想が芽生えたという。

従兄の尾高惇忠(新五郎)

尾高惇忠生家に展示している藍玉

家業に携わることで商売の基本を身に付けた

安政元(1854)年、14歳になった頃には、元来の明晰さが発揮され、その弁舌は論理的で機知に富み、近隣で評判になった。16歳を過ぎた頃には、地域の集まりで進んで意見を述べ、周囲の人間の世話をよくしたため評判が良かったという。血洗島では、若い者を統率する「若頭」が数人おり、栄一はその一人に任じられた。

16、17歳の頃の、こんなエピソードが残されている。

領主である安部摂津守から父の市郎右衛門が御用金の調達を命じられ、詳細を確認するため栄一が父親の名代として罷り出た。いろいろ話を聞き、栄一が「帰って父と相談する」と告げると、代官所の役人は権高《けんだか》で、「お前も大人なのだからすぐ決めろ」と叱られたり嘲弄されたりと、散々な目にあったという。

幕末で士農工商の身分制度は薄れていたが、まだまだ地方の小藩では、官僚化した武士による横柄な態度が幅を利かせていたのだろう。栄一はこの時から、封建的な身分格差に義憤を覚え、社会への不満を募らせていったと思われる。

とはいえ、その後しばらくは勉学や家業に勤しみ、努力を惜しまなかった。のちに日本資本主義の父とも言われた渋沢栄一のビジネスの基本は、利益と公益を兼ね備えた合本主義であった。おそらく、この時期に学んだ論語の倫理観や商売の機微が、その基盤になっているのではないだろうか。

嘉永6(1853)年、米使ペリー浦賀来航

尊王思想がますます強まった青年志士時代、惇忠や喜作らと高崎城乗っ取りを企てる

尾高惇忠生家2階。高崎城乗っ取り・横浜商館焼き討ちの計画をこの家の2階でしたと伝わる ※非公開

現在の高崎城址（群馬県高崎市）

さて、18歳になった渋沢栄一は安政5（1858）年12月、尾高惇忠の妹である千代を妻に迎えた。この年、江戸では、大老・井伊直弼が長州藩士・吉田松陰ら攘夷派の志士を処罰した「安政の大獄」が起きている。江戸をたびたび訪れていた栄一は、つぶさにその顛末を見聞きして尊王攘夷思想に傾倒し、志士との交流も盛んであった。

文久元（1861）年の春、21歳の頃には江戸に住まいを移して儒者・海保漁村のもとで学び、千葉道場にも出入りしていた。その期間は、わずか2カ月ほどであったが、渋沢栄一の口述をまとめた「雨《あま》夜《よ》譚《がたり》」によると、勉学や撃剣の稽

文久4(1864)年、四国連合艦隊による下関砲撃(馬関戦争)

古は二の次で、時世の観察や志士との交流が主な目的であったらしい。

志士との交流はその後もますます盛んになり、一方で勉学や家業はおろそかになってきた。父の心配をよそに、尊王攘夷の思いはますます強くなり、文久3(1863)年、23歳の時に再び江戸に出る。4カ月ほど滞在したのちに郷里に戻り、仲間と攘夷について謀議。尾高惇忠、渋沢喜作らと謀り、いよいよ高崎城を攻撃することになった。

それに先立ち栄一は、計画が実行されれば家族に迷惑が掛かると思い、父に討幕の思いを打ち明け、自分を勘当するように迫った。父は容易には認めてくれなかったが、夜を徹して話し合い、明け方には家を出ることを許されたという。

ところが、その計画を検討している際に、京都から駆け付けた尾高長七郎が計画に反対を唱えた。京都では公武合体派が勢力を取り戻し、いまは挙兵の時期ではないと言う。議論に議論を重ね、結局、栄一らは長七郎の説得を受け入れ、計画を中止することにした。

決起は実行されなかったものの、関八州取締※の知るところとなり、栄一と喜作は郷里を離れ、江戸へと逃げた。その江戸滞在中に、思いがけない運命の扉が開かれる。

慶応元(1865)年頃に、イギリスの写真家フェリーチェ・ベアトが愛宕山から撮影した江戸のパノラマ

※関東八州(相模・武蔵・安房・上総・下総・常陸・上野・下野)の治安を取り締まる幕府の役人

喜作とともに一橋家の家臣に。栄一の人生が大きく変化していく

元治元年には水戸藩攘夷派が筑波山に挙兵した天狗党の乱、京都では長州藩が攻め入った禁門の変（蛤御門の変）など各地で争いが起こっていた（写真上は筑波山、写真下は蛤御門）

江戸幕府最後の将軍である徳川慶喜。将軍後見職として14代将軍家茂を支え、15代将軍となる。それに伴い、栄一、喜作は幕臣となった

かつての江戸滞在中に知り合った一橋家の用人・平岡円四郎に今後の相談をすると、京都への手形を手配してくれたという。栄一と喜作は平岡の家来として京都に赴くことになり、取り締まりの手から逃れることができた。文久3(1863)年11月のことであった。翌元治元(1864)年2月、栄一と喜作は幸運にも一橋家に仕えることを許された。もちろん、平岡の推挙があってのことだろう。混乱の時代ならではの出来事ではあるが、弁論に秀でた栄一の才能を平岡が高く評価していたことは想像に難くない。

一橋家の財政再建に貢献 天性の才能が開花した

一橋家に仕官した24歳から、栄一は懸命に働いた。御用談所下役からまもなく御徒士となり、その間に西郷隆盛と豚鍋を囲んで談笑したこともあったという。一時は討幕の謀をしたとはいえ、一橋家に仕官したのちは、実に有能な官吏になった。同年には、取り立ててくれた平岡円四郎が暗殺されたが、その跡を継いだ黒川嘉兵衛も栄一を高く評価し、重んぜられたという。

慶応元(1865)年、25歳になった栄一は、御用談所調方出役、歩兵取立御用係、勘定組頭など、とんとん拍子に出世する。翌年春には年貢米を兵庫で直売し、備中(現・岡山県)に火薬の原料になる硝石製造所を設立。藩札を発行して播州木綿を買い入れて販売し収益を上げるなど、藩財政の好転に寄与した。その功績が認められ、勘定組頭を命じられている。父のもとで文武を学び、農業や藍玉の商いで身に付けた技能と工夫が役立ったのだろう。官吏としての能力は際立っていた。

この頃には、政情はいよいよ不安になり、同2(1866)年7月には将軍・家茂が病没した。後継の徳川宗家として白羽の矢が立ったのが徳川慶喜で、その年の暮れには第15代将軍に任ぜられた。

幕府の先行きが不透明な時期に再び、運命の扉が開かれる

渋沢栄一は、思いがけず将軍家の御家人となった。幕府の命運も尽きようとしていた時期である。慶喜の命に従って、陸軍奉行支配調役として軍務に就き手柄もたてたが、戦は好むところではなく、幕府の先行きも不透明になっていたため、致仕（辞任）して浪人となり、国事にあたろうと迷い始めていた時でもあった。そんな時、またも運命の扉が開かれる。

慶応2（1866）年11月、慶喜の弟・昭武をフランスのパリで開かれる万国博覧会に派遣し、閉会後に同国に留学させることになった。栄一はその随員として選ばれたのだ。準備は着々と進み、翌同3（1867）年正月、横浜から乗船し、フランスへと向かった。鳥羽・伏見の戦いが始まる前年である。

栄一は勘定格（会計係）として昭武の生活の雑事を支える仕事に従事することになった。日本を離れ、フランスへと渡ったことが、栄一のその後を大きく変えることになる。お金を扱う勘定格として、フランスで経験し学んだ数多くのことが、のちに「近代日本経済の父」と呼ばれる人生の扉を開いたのであった。

パリ万国博覧会視察の随員に。
維新の嵐が吹き荒れるなか、
フランスへ渡る

◉ 渋沢栄一とその周囲の人々

ゆかりの地 歴史紀行

埼玉県 深谷市

旧渋沢邸「中の家」

［渋沢栄一ゆかりの地］
きゅうしぶさわてい「なかんち」

正門と東門があり、いずれも薬医門の造り。扉は当時から希少なケヤキの一枚板で造られている

晩年に幾度も訪れた栄一の生誕地

主屋、副屋、4つの土蔵、2つの門が建つ栄一の生誕地。現存する主屋は、明治28(1895)年、栄一の妹夫妻によって建てられたものだ。

「中の家」とは、辺り一帯に固まって住んでいた渋沢家一族のうち、各家の位置関係でこの場所が中心にあったことから付けられた呼び名だった。

栄一の父・市郎右衛門は農業を営みつつ、養蚕や藍玉づくり・販売などの事業を展開していた。建物は天窓のある主屋をはじめ、副屋、土蔵などに養蚕農家としての特徴を色濃く残している。また、杉の一枚板を使った引き戸、重厚な梁など、随所に往時の繁栄を感じる荘厳な造りを見ることができる。栄一は晩年、この家を頻繁に訪れ、奥十畳の間で多忙な日々の疲れを癒やしていた。

昭和60(1985)年～平成12(2000)年は「学校法人青淵塾渋沢国際学園」の学校施設として使用された。この学園は日本語学校で、日本語や日本文化、国際親善などの学習を目的として設立された。入学した学生は47カ国679人にも上り、世界に栄一の精神を広めた。県指定旧跡「渋沢栄一生地」、市指定史跡となっている。

栄一が滞在するために造られた奥十畳の間。くつろげるようにと、2階に部屋を設けなかった

上：正門をくぐると、威風堂々とした主屋が見える。中庭の池のそばには、若き日の栄一像がある

左：敷地内には4つの土蔵があり、写真左の蔵は座敷蔵、写真右の蔵は藍玉の製造・貯蔵場として使われていたという

【DATA】 ☎ 048-587-1100（渋沢栄一記念館）住 埼玉県深谷市血洗島247-1 営 9：00～17：00（最終入場16：30）休 なし 料 無料 P あり 交 JR「深谷」駅から車で20分

栄一も愛した故郷の味「煮ぼうとう」

　薄く、幅広の麺と深谷ねぎ、地元の根菜をたっぷりと煮込み、醤油で味付けをした深谷の郷土料理。小麦の生産が盛んだったこの地の特色が溢れる料理だ。麺を煮込む際にでるとろみが特徴で、食べれば体の芯から温まると、いまも地元で愛され続けている。栄一の好物で、深谷市では毎年、栄一の命日に「にぼうと会」が催されている。

市内の飲食店で食べることができる

埼玉県 深谷市

渋沢栄一記念館

［渋沢栄一ゆかりの地］
しぶさわえいいちきねんかん

館内には市民が集う図書室や体育館のような多目的室もあり、公民館も兼ねた複合施設になっている

記念館に立つ渋沢栄一の銅像。平成7(1995)年に深谷駅前から移動。高さは約5mある

深谷市の名所、史跡の場所をあらわしたジオラマ。渋沢栄一ゆかりの地の位置関係がわかる

多彩な展示から栄一の人物像を知る

若き時代から晩年までの栄一を知ることができる施設。1階と2階に分かれている広々とした資料室は、栄一自筆の書や資料などを多数展示。2階部分では、貴重な栄一の肉声を聞くこともできる。

講義室では栄一そっくりのアンドロイドが約30分間の講義をしてくれる。アンドロイドは、栄一と同じ身長153センチで、手を動かし、まばたきをするなど、リアルに動きながら話す精巧な作り。音声も肉声を参考に作られている。講義の題目は、大正時代に栄一が語った「道徳経済合一説」。栄一の思想を耳から学ぶチャンスだ。

建物の北側には大きな栄一像が立っ

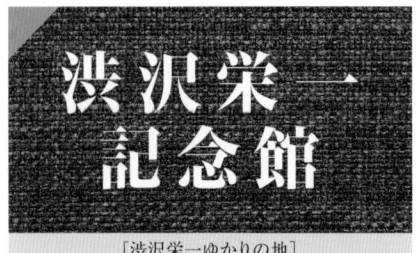

毎時10分と40分に解説員の説明がある(12〜13時を除く)。詳しい話を聞けば、より一層理解が深まる

左:貴重な書や写真が多数展示されており、在りし日の栄一を多角的に学ぶことができる
右:令和2(2020)年から一般公開された渋沢栄一アンドロイド。生前の姿を再現している

ている。フォトスポットとしても人気の場所なので、おさえておきたい。

多岐に渡る功績を残した栄一だが、そこに至るまでの情熱や幅広い活動など知られていないことも多い。多彩な展示からいろいろな栄一の姿を見つけ、偉大さと共に身近な存在として親しみの気持ちも感じられそうだ。

【DATA】 ☎ 048-587-1100 住 埼玉県深谷市下手計1204 営 資料室9:00〜17:00、アンドロイド講義室9:30〜16:00(最終講義15:30〜) 休 なし※臨時休館あり 料 無料 P あり 交 JR「深谷」駅から車で15分 他 見学は事前予約制(HP・電話で受付)※詳しくはHP「渋沢栄一デジタルミュージアム」で検索

1 2階には栄一らと高崎城乗っ取り・横浜商館焼き討ちの計画を謀議した部屋がある
2 1階土間を見学できる。直径約6寸(約18㎝)の藍玉が展示されている
3 土間の奥にはレンガ造りの大きなかまどが残っている
4 主屋裏にはレンガ倉庫がある

埼玉県 **深谷市**

尾高惇忠生家

[渋沢栄一ゆかりの地]おだかじゅんちゅうせいか

若き栄一に「論語」を教えた学問の師

富岡製糸場の初代場長、第一国立銀行仙台支店支配人などを務めた尾高惇忠。若い頃から自宅で私塾を開き、栄一にとって基本概念となった「論語」を教えた人物である。10代の頃から尊王攘夷思想を抱き、高崎城乗っ取り・横浜商館焼き打ちの計画などを栄一らと企てていた。栄一とは従兄弟で、栄一の妻は惇忠の妹・千代であるなどゆかりが深い。建物は江戸時代後期に惇忠の曾祖父が建てたもの。

【DATA】
☎ 048-587-1100(渋沢栄一記念館) 住 埼玉県深谷市下手計236 営 9:00～17:00 休 なし 料 無料 P あり 交 JR「深谷」駅から車で15分

埼玉県 深谷市

諏訪神社

[渋沢栄一ゆかりの地]すわじんじゃ

晩年の栄一が毎年獅子舞を楽しんだ神社

大正5(1916)年、氏子たちは栄一の喜寿を祝った石碑を建てた。栄一はその礼に故郷の大切な神社として拝殿を寄進造営。以来、10月に開かれる諏訪神社の祭りの際には欠かさず村に帰るようになり、奉納される「血洗島獅子舞」を楽しんだ。この獅子舞は現在も神社の秋祭りで上演されている。

【DATA】
☎ 048-587-1100(渋沢栄一記念館) 住 埼玉県深谷市血洗島117-6 営 休 料 見学自由 P あり 交 JR「深谷」駅から車で15分

上:「中の家」がある旧血洗島村の鎮守
下:室町時代から伝わるという血洗島獅子舞は市無形民俗文化財に指定されている

埼玉県 深谷市

鹿島神社

[渋沢栄一ゆかりの地]かしまじんじゃ

栄一の師・尾高惇忠の功績を記した碑がある

旧下手計村の鎮守で、栄一が書いた「鹿島神社」の額が拝殿に掲げられている。境内には栄一らによって建てられた尾高惇忠の功績を伝える「藍香尾高翁頌徳碑」がある。上部に書かれた題字は徳川慶喜によるもの。今は朽木になったご神木のケヤキが保存されており、根元から湧いていた井戸の跡も見ることができる。

【DATA】
☎ 048-587-1100(渋沢栄一記念館) 住 埼玉県深谷市下手計1145 営 休 料 見学自由 P あり 交 JR「深谷」駅から車で15分

拝殿は風格のある入母屋造り

藍香尾高翁頌徳碑(市指定有形文化財)

埼玉県 深谷市

岡部藩陣屋跡

［関連施設］おかべはんじんやあと

幕末の兵学者・高島秋帆幽囚の地

栄一の出身地である血洗島を治めていた岡部藩の陣屋跡。秋帆は幕府に兵術や砲術を伝え、高島流砲術が幕府に採用されていたが、中傷により獄に投ぜられ、高島家は断絶。天保13(1842)年から約11年間、秋帆は幽閉されることとなった。弘化3(1846)年からは岡部藩預かりの身となったが客分扱いされ、藩士たちは秋帆から砲術を学んでいたと伝えられている。

【DATA】
☎048-577-4501(深谷市文化振興課) 住 埼玉県深谷市岡部1201 営 休 料 見学自由 P なし 交 JR「岡部」駅から徒歩20分

岡部藩は慶応4(1868)年、三河国半原に本拠を移し、陣屋は廃止された。現在、遺構はなく、陣屋があった場所には「高島秋帆幽囚の地」の石碑が建っている

埼玉県 深谷市

薬師堂

［関連施設］やくしどう

尊王攘夷派・天狗党浪士を弔う碑が建つ

幕末期、水戸藩の尊王攘夷派・天狗党が一橋慶喜を頼り京へと向かっていた際、同党の浪士2名が血洗島村で岡部藩士に討伐されてしまった。血洗島村民は密かに浪士を埋葬した。大正7(1918)年、栄一がこの由来を記すために建立した石碑「水藩烈士弔魂碑」がこの地に残っている。

【DATA】
☎048-587-1100(渋沢栄一記念館) 住 埼玉県深谷市血洗島229-2 営 休 料 見学自由 P なし 交 JR「深谷」駅から車で20分

石碑に並んでいる高さ4mほどの大きな石地蔵は、安政7(1860)年に栄一の伯父である東の家3代目・渋沢宗助らが建立したもの

Column

渋沢栄一の出発点

論語の里を訪ねて

栄一が少年時代から学んだ論語にちなみ、現在、栄一の生地周辺は「論語の里」と呼ばれている。往時を偲び、歩いてみてはいかがだろう

1 栄一の生誕地、旧渋沢邸「中の家」の正門
2 旧渋沢邸「中の家」にある楷(かい)の木

旧渋沢邸「中の家」から約1.3㎞離れた場所にある尾高惇忠生家

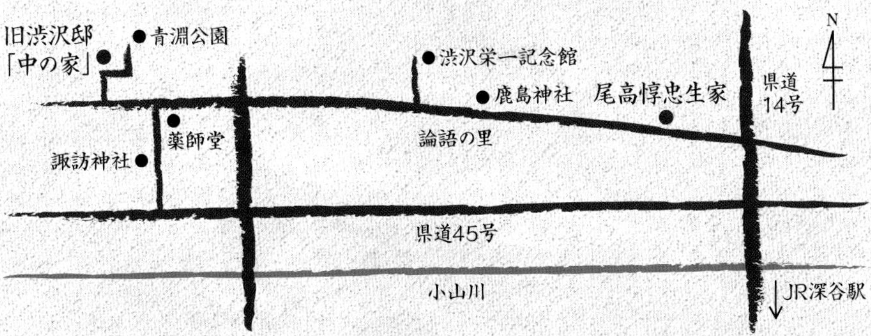

栄一が貫いた論語の精神性は、深谷市から始まった

渋沢一族には論語を重んじる精神が代々受け継がれており、栄一も7歳頃から尾高惇忠のもとで論語を学んでいた。勉強のため毎日のように渋沢喜作とともに惇忠の家に通ったといわれる。栄一が提唱した「道徳経済合一説」(経済と道徳は両立する)は論語の精神によるもので、この考えのもと数多くの企業設立に関わった。大正5(1916)年に出版された『論語と算盤』は、栄一を代表する著作として知られている。

1 二の丸角櫓は木造2階建て。水戸城跡の新たなシンボルとして復元
2 復元された水戸城大手門は、木造2階建て、高さは13.34m
3 本丸の橋詰門と推測されている「薬医門」。水戸第一高校の敷地内にある
4 城は大規模な土塁と堀によって守られていた

茨城県 水戸市

水戸城跡

［徳川慶喜ゆかりの地］みとじょうあと

長い歴史が流れる水戸徳川家の居城

平安時代末期から鎌倉時代初期に馬場氏によって建てられた館に由来する。その後、江戸氏、佐竹氏を経て、水戸徳川家の居城となった。徳川頼房によって、二の丸の御殿などが造られた。日本最大級の土造りの城として知られ、現在は土塁や堀のほか、藩校・弘道館や薬医門などを見ることができる。2020年2月には水戸城大手門が復元。それに合わせて二の丸展示館がリニューアルされた。2021年の公開に向けて、二の丸角櫓の復元、土塀の整備が進められている。

【DATA】
☎029-306-8132（水戸市歴史文化財課）住 茨城県水戸市三の丸 営休 見学自由（二の丸展示館は9:00～16:30）料 無料 P あり 交 JR「水戸」駅から徒歩10分 他 薬医門は学校行事などにより見学できない場合あり

1

2

3

1 正門、正庁、至善堂は国の重要文化財。大政奉還後、慶喜は至善堂で謹慎生活を送っていた
2 約60品種800本の梅が植えられており、梅の名所としても有名
3 由緒あるヤマザクラ「左近の桜」
4 当時の雰囲気が漂う館内。斉昭の書なども見られる

茨城県 水戸市

弘道館

［徳川慶喜ゆかりの地］こうどうかん

徳川慶喜も学んだ徳川斉昭創設の藩校

天保12(1841)年、水戸藩9代藩主・徳川斉昭(慶喜の父)が水戸城三の丸内に創設。「教育によって人心を安定させ、教育を基盤として国を興す」を建学の目的に、儒学を中心に多様な教育が行われた。当時の藩校としては最大級の規模を誇り、ここでの学問、いわゆる「水戸学」は吉田松陰や西郷隆盛など他藩の藩士にも影響を与えたといわれている。徳川慶喜も5歳から11歳まで弘道館で学び、玄関には斉昭と慶喜の像も。平成27(2015)年、「近世日本の教育遺産群」として、足利学校などとともに日本遺産に認定された。

4

【DATA】
☎ 029-231-4725 住 茨城県水戸市三の丸1-6-29 営 9:00～17:00(10/1～2/19は～16:30) 休 なし 料 入館400円 P あり 交 JR「水戸」駅から徒歩8分

茨城県 水戸市

千波湖

［関連施設］せんばこ

徳川斉昭と慶喜、親子で並ぶ像が立つ

水戸市の中心市街地に隣接する周囲3㎞の湖。かつては現在よりも広い面積があり、水戸城を南から守る天然の堀として、また、農業用水源として重要な役割を果たしていた。水戸藩9代藩主・徳川斉昭が偕楽園を創設した際は、借景にもなった。現在は公園として整備され、ウオーキングやジョギングを楽しめる。湖畔には軽食を味わえる休憩スポット「好文cafe」もあり、市民の憩いの場にもなっている。千波湖西側には、水戸藩2代藩主・徳川光圀の像や、徳川斉昭と慶喜の像が立つ。

1 平成11（1999）年に完成した徳川斉昭と慶喜の像
2 桜や紅葉の名所。水鳥なども見ることができる
3 春の湖畔にはカラフルなチューリップも
4 千波湖を眺めるようにして立つ徳川光圀の像

【DATA】
☎029-244-2888（水戸市公園協会）住 茨城県水戸市千波町3080 営 休 料 入場自由（好文cafeは10:00～LO17:30、無休）P あり 交 JR「水戸」駅から徒歩15分

茨城県 水戸市

茨城県立歴史館

［徳川慶喜ゆかりの地］いばらきけんりつれきしかん

一橋徳川家ゆかりの歴史資料を展示

約7万2000㎡の広大な敷地を誇るミュージアム。茨城県に関する資料を多数収蔵しており、原始・古代から近現代までの茨城県の歴史や文化をわかりやすく解説している。一橋徳川家記念室では、一橋徳川家12代当主・徳川宗敬から寄贈された美術品や文書などを展示。約6000点の名品を年4回の展示替えで紹介しており、田安家、清水家とともに徳川御三卿といわれた一橋徳川家の歴史に触れられる。そのほか、移築・復元した江戸時代の民家や明治時代の洋風校舎なども見ることができる。

1 歴史館本館。常設展のほか、さまざまな企画展も開催
2 **3** 明治14（1881）年築の旧水海道小学校本館。館内には教育資料などを展示。入館無料
4 イチョウ並木が色づくのは11月。その頃はライトアップも実施

【DATA】
☎ 029-225-4425 **住** 茨城県水戸市緑町2-1-15 **営** 9:30～17:00（最終入館16:30）、庭園は6:00～19:00（季節により異なる）**休** 月曜（祝日の場合はその翌日）、ほか館内整理休館あり **料** 一般160円（企画展、特別展期間は異なる）**P** あり **交** JR「水戸」駅から車で10分

水戸市には、この他にも水戸徳川家の史料を展示する「徳川ミュージアム」がある。http://www.tokugawa.gr.jp

京都府 京都市
蛤御門
［徳川慶喜ゆかりの地］はまぐりごもん

慶喜が指揮した戦の舞台

各地で攘夷派の挙兵が相次いで起こっていた江戸時代末期、京都御所周辺で起こったのが禁門の変（蛤御門の変）。元治元（1864）年7月19日、勢力回復の機会をうかがっていた長州藩が、京都守護職の会津藩主・松平容保の排斥を求めて攻め入った。禁裏御守衛総督に任命された慶喜は諸藩の軍勢を指揮。戦は長州藩の惨敗に終わった。

【DATA】
☎075-211-6348（京都御苑管理事務所）**住** 京都府京都市上京区京都御苑3 **営休料** 見学自由 **P** あり **交** 地下鉄烏丸線「丸太町」駅から徒歩10分

京都御苑の西側にある。天明8（1788）年の天明の大火の際に開門。焼けて口を開く蛤に例えて、「蛤御門」と呼ばれるようになった

京都府 京都市
二条城
［徳川慶喜ゆかりの地］にじょうじょう

日本の歴史が動いた大政奉還の舞台

慶応2（1866）年、慶喜は15代将軍となる。将軍就任後は幕政の立て直しを行ったが、同3（1867）年に政権を朝廷に返還することを決意。大政奉還の意思は、二条城二の丸御殿大広間で表明した。現在は唐門、二の丸御殿のほか、3つの庭園などが見学できる。平成6（1994）年、世界遺産に登録された。

【DATA】 ☎075-841-0096 **住** 京都市中京区二条通堀川西入二条城町541 **営** 8:45～16:00（17:00閉城）※季節により異なる **休** なし（二の丸御殿観覧休止日は12/26～28、1/1～3及び12･1･7･8月の毎週火曜、祝日の場合は翌日）**料** 一般1030円（入城のみ620円）**P** あり **交** 地下鉄東西線「二条城前」駅からすぐ

慶長8（1603）年、徳川家康が京都御所と将軍上洛の際の宿泊所として築城。豪華絢爛な桃山文化の遺構を見ることができる

京都府 京都市

幕末維新ミュージアム 霊山歴史館

［関連施設］ばくまついしんみゅーじあむ りょうぜんれきしかん

幕末・明治維新を学べる歴史博物館

幕末・明治維新の時代に活躍した志士をはじめ、大名、天皇、公家、文人、画家などの資料を5000点以上収蔵。倒幕派志士の遺品のほか、徳川慶喜や新選組などに関する幕府側の資料も多数ある。慶喜が栄一に還暦の祝いとして贈ったとされる色紙も。2021年1月27日～9月21日、2期にわたって栄一の企画展が開催される。

【DATA】 ☎ 075-531-3773 住 京都府京都市東山区清閑寺霊山町1 営 9:00～17:30（最終入館17:00）休 月曜（祝日の場合は翌日）、ほか展示替え休館日あり 料 一般900円 P あり 交 京阪電鉄「祇園四条」駅から徒歩20分

上:昭和45（1970）年に開館。初代館長は松下幸之助
下:幕末維新を体感できる貴重な資料を約100点展示している

大阪府 大阪市

大阪城

［徳川慶喜ゆかりの地］おおさかじょう

徳川将軍が入城、形勢逆転の機会を狙った拠点

慶応3（1867）年10月の大政奉還を受け、同年12月に薩摩藩や公家の岩倉具視らが主導して「王政復古の大号令」が発せられ、幕府の廃止が決定した。徳川家の政権参加が否定されたため、慶喜は二条城から大坂城に移り、巻き返しの機会をうかがった。年が明けて正月3日に戊辰戦争が始まり、旧幕府軍は敗北。慶喜は大坂城を脱出し、江戸に向かった。

【DATA】
☎ 06-6941-3044 住 大阪府大阪市中央区大阪城1-1 営 9:00～17:00（最終入館16:30）休 なし 料 一般600円 P あり 交 大阪メトロ「谷町4丁目」駅、「天満橋」駅などから徒歩15分

元和5（1619）年に大坂は幕府直轄地になり、翌年から大坂城を再築。徳川家光の時に完成した。現在の天守閣は昭和6（1631）年に復興

写真提供:大坂城パークセンター

千葉県 松戸市

戸定邸・戸定歴史館

［徳川昭武ゆかりの地］
とじょうてい・とじょうれきしかん

パリで撮影された徳川昭武の肖像。ナポレオン3世も撮影した写真家・ディスデリが撮ったもの

高級杉をふんだんに使用。20以上もの部屋が連なる、旧大名家の和様邸宅

栄一とフランスへ渡った徳川昭武の住まいを公開

最後の水戸藩主・徳川昭武が建てた戸定邸が保存されている歴史公園。昭武は徳川慶喜の実弟にあたり、御三卿のひとつである清水徳川家6代当主となった。昭武が数えで12歳の時に京都へ上京。慶応3(1867)年に開催されるパリ万国博覧会に、慶喜の名代として参列することを命じられた。フランス側はパリ万博に将軍を招きたいと要望。将軍となった慶喜とフランス皇帝ナポレオン3世は友好関係にあったが、慶喜本人は国内が混乱している最中に長期

周囲は戸定が丘歴史公園として整備されている。歴史館では慶喜、昭武ゆかりの品を収蔵

間留守にするわけにもいかず、昭武にフランス行きを託した。栄一は、その日本使節団の会計係として随行。万国博覧会に参列した後の一行は、スイス、オランダ、イタリア、イギリスなどのヨーロッパ諸国を訪問し、昭武はパリで留学生活を続けた。幕府崩壊の知らせを聞いたのは留学中のことだった。

帰国後は、昭武は最後の水戸藩主に就任。明治時代になると昭武は、狩猟のために松戸へ足を運んでいたという。明治17（1884）年、戸定邸が完成。戸定邸は慶喜ら親族だけでなく皇族も訪れた。明治前期の上流階級の暮らしぶりを伝える建物として、国の重要文化財に指定されている。

戸定邸庭園は国指定名勝。小高い丘に建ち、晴れた日は富士山を遠望できる

【DATA】 ☎ 047-362-2050 住 千葉県松戸市松戸714-1 営 9:30～17:00（最終入館16:30）、公園は9:00～17:00 休 月曜（祝日の場合は翌日） P あり 交 JR「松戸」駅から徒歩10分

東京都 台東区
寛永寺
［徳川慶喜ゆかりの地］かんえいじ

徳川家の菩提寺が彰義隊の拠点に

徳川慶喜の影響力が残ることを警戒した新政府軍と、幕府に忠義を尽くそうとする旧幕府軍が衝突。慶応4(1868)年、戊辰戦争が始まった。寛永寺は旧幕府側の部隊・彰義隊の拠点となり、同年5月に起こった上野戦争で山内の大半を焼失した。しかし、慶喜が謹慎していた「葵の間」や徳川将軍の霊廟などは当時のまま現在も保存されている。

【DATA】
☎ 03-3821-1259 住 東京都台東区上野桜木1-14-11 営 9:00～17:00 休 料 無料 P あり 交 JR「鶯谷」駅から徒歩8分

上：寛永2(1625)年、慈眼大師天海大僧正によって創建された
下：寛永寺谷中霊園には慶喜の墓がある

東京都 台東区
天王寺
［彰義隊ゆかりの地］てんのうじ

戦火が広がった彰義隊ゆかりの地

慶応4(1868)年2月、寛永寺で謹慎していた慶喜は同年4月に水戸に移った。その後、彰義隊は上野山内にたてこもり、新政府軍との戦争が起こる。天王寺には小川椙太率いる天王寺組が派遣され、寛永寺と同じく戦場となった。五重塔と本坊のみを残して、その他の建物は焼失。寺の廊下の柱には、戦時の刀痕が残る(刀痕は非公開)。

【DATA】
☎ 03-3821-4474 住 東京都台東区谷中7-14-8 営 休 料 拝観自由 P なし 交 JR「日暮里」駅から徒歩1分

上：鎌倉時代に開創した長燿山感応寺が前身。谷中霊園のそばにある
下：柱に残る刀痕。上野戦争の時のものといわれている

東京都 荒川区

円通寺

［彰義隊ゆかりの地］えんつうじ

写真提供：荒川ふるさと文化館

写真提供：荒川区観光振興課

彰義隊士が眠る寺院

慶応4（1868）年5月15日、上野にたてこもっていた彰義隊だったが、大村益次郎が指揮する新政府軍によって1日で鎮圧された。円通寺には、彰義隊戦士の墓がある。また、境内の黒門は、同寺の住職が彰義隊の隊士を埋葬、供養したのが縁で、明治40（1907）年に帝室博物館から下付されたものである。黒門には上野戦争時の弾丸が数多く残り、戦闘の激しさを物語っている。

【DATA】
☎ 03-3891-1368 住 東京都荒川区南千住1-59-11 営 休 料 拝観自由（柵の内部の見学は要連絡） P なし 交 地下鉄「三ノ輪」駅から徒歩5分

右上：彰義隊戦士の墓（東京都指定史跡）
右下：明治40（1907）年に移設された黒門（荒川区指定有形文化財）

円通寺蔵「上野東台彰義隊戦争肉筆絵巻」（一部掲載） 写真提供：荒川ふるさと文化館

埼玉県 飯能市

能仁寺

［振武軍ゆかりの地］のうにんじ

渋沢喜作率いる振武軍の本陣が置かれた

慶応4（1868）年2月、旧一橋家幕臣が中心となって「彰義隊」が結成された。結成時の頭取には渋沢喜作が就任。渋沢平九郎、尾高惇忠も参加した。その後、彰義隊から分かれ、「振武軍」となる。振武軍は上野戦争の敗残兵らとともに飯能へ向かった。同年5月23日に飯能の町が戦場に。振武軍が本陣を置いた能仁寺をはじめ、多くの建物が焼失した。

【DATA】 ☎042-973-4128 住 埼玉県飯能市飯能1329 営 9:00〜17:00（季節により異なる）休 なし 料 無料（庭園・本堂の拝観は300円）P あり 交 西武鉄道「飯能」駅から徒歩20分

現在の本堂は昭和11（1936）年に再建されたもの。日本名園百選にも選ばれている能仁寺庭園などを見ることができる

埼玉県 越生町

渋沢平九郎自決の地

［振武軍ゆかりの地］しぶさわへいくろうじけつのち

栄一の養子、平九郎最期の地

渋沢平九郎は振武軍の参謀を務めた。飯能戦争で傷を負った平九郎は黒山村（現・越生町）にたどり着く。新政府軍の兵士と遭遇した平九郎は勇敢に戦ったが、追い詰められ自決した。この地にあるグミの木は平九郎の血の色を宿す実をつけるといわれ、「平九郎ぐみ」と呼ばれている。のちに栄一もこの地を訪ね、若くして最期を遂げた平九郎を偲んだ。

【DATA】
☎049-292-3121（越生町役場）住 埼玉県入間郡越生町大字黒山 料 見学自由 P なし 交 JR・東武鉄道「越生」駅から車で15分

自刃岩の横には、昭和29（1954）年に渋沢敬三の揮毫による「澁澤平九郎自決之地」の碑が建てられた

1 現在は公園として整備されている。道内屈指の観光スポット。国の特別史跡
2 平成22(2010)年に復元公開された箱館奉行所
3 五稜郭タワーから星型城塞を一望できる
4 桜の名所としても知られる

北海道函館市

五稜郭公園

[渋沢喜作ゆかりの地]ごりょうかくこうえん

喜作も参加した箱館戦争の舞台

振武軍を率いて戦った渋沢喜作だったが、飯能戦争での敗戦を受け、旧幕府海軍副総裁の榎本武揚の軍に参加する。箱館(函館)の五稜郭に立てこもり、箱館戦争が起こった。新政府軍が五稜郭を総攻撃し、明治2(1869)年5月に榎本軍が降伏。五稜郭が明け渡された。鳥羽・伏見の戦いから始まった戊辰戦争がこれによって終結。明治政府の本格始動である。喜作は官軍に捕えられ、3年間におよぶ牢獄生活を送ることとなった。

【DATA】
☎0138-31-5505(五稜郭公園管理事務所) 住 北海道函館市五稜郭町44 営 郭内入場は5:00～19:00(11～3月は～18:00) 休 料 園内無料(有料施設あり) P なし 交 函館市電「五稜郭公園前」電停から徒歩15分

【第二章】

新政府での官僚時代

◉ 渡仏から明治政府での活躍まで

大蔵省在職当時（渋沢史料館所蔵）

一橋家に仕官し、能吏として
藩財政を立て直した渋沢栄一だが、
その運命は幕末の動乱に翻弄される。
将軍家の家臣から明治新政府の官僚へ。
活躍の場はさらに広がっていった

フランスでふれた西洋文明が実業家としての大きなバックボーンに

昭武の世話係として渡仏し欧州の文化・経済を学ぶ

歌川貞秀が描いた開港当時の横浜 出所:国立国会図書館

徳川慶喜が将軍になったことで、図らずも渋沢栄一は幕臣となった。一橋家の家臣として財政の立て直しに熱心に取り組み、好転させたため慶喜からの信頼も厚く、弟である昭武の侍従に抜擢されて渡仏することになったのだ。この頃、渋沢の胸の中では攘夷の熱が冷めて、外国への興味が強くなっていたのだろう。

昭武一行は慶応3(1867)年1月11日、横浜港からフランスへと向かった。到着は3月7日。それから1年半近く欧州に滞在し、昭武の秘書官のような立場で、フランス、スイス、オランダ、ベルギー、イタリア、イギリスなどを歴訪した。各国では兵器工場や電信機製造所、製鉄所など当時の先進技術を見て回っている。

1867年のパリ万国博覧会。使節団の一員として見学した

上:パリ万博に来た人々を歓迎するナポレオン三世。昭武も謁見を受けた
左:パリ万博使節団の一員としてヨーロッパ滞在中、渋沢栄一は髷を切り、洋装に変えた
(渋沢史料館所蔵)

この滞在期間中に栄一は、髷《まげ》をおとして西洋風の髪型にした。その写真が今も残されている。新しい文化を少しのてらいもなく身に付けたのは、いかにも栄一らしい。こうした進取の気風が、のちの日本の近代化に大きく寄与することになる。

さて、欧州滞在中、栄一の仕事で最も重要だったのは、昭武の滞在費などを管理することであった。持参した資金は銀行に預け、必要に応じて引き出した。銀行家の勧めもあって政府公債や鉄道会社の社債などを購入し、留学費用の足しにすることもあったという。

大勢の人が少しずつ資金を出し合い、政府や銀行がその資金を運用して出資者に利益をもたらす。資本主義の基本となる、そんな金融システムに栄一は目を見張った。当時、日本に両替商や金貸しはあったものの、広く資金を集めて事業家などに貸し出す「銀行」という存在はなかった。この経験がもとになり、渋沢は後に、債券や紙幣の発行、銀行の設立などに情熱を傾けるようになる。

欧州滞在中に幕府が倒れ静岡藩の中老手付となる

慶応4(1868)年1月、戊辰戦争が始まった。薩長を中心とする官軍は江戸に攻め上がり、幕臣の一部や新選組などがこれを迎え撃った。しかし、錦の御旗を掲げた官軍に戦わずして降伏する藩も多く、4月には江戸城を無血開城。

徳川昭武一行集合写真（マルセイユにて）。前列中央が徳川昭武、後列左端が渋沢栄一（渋沢史料館所蔵）

新政府から帰国命令が届き、帰国する栄一は静岡へ向かい、慶喜と再会

戦闘は奥州や北海道で9月まで続いたものの、結局、幕軍は敗れて明治の世となり、江戸は東京と改称された。ちなみに、グレゴリオ暦が採用されたのは明治4（1871）年で、そのときに明治元年を慶応4年1月1日とすることが定められている。

幕府が倒れたことを、栄一らは欧州で知った。5月に帰国命令が下り、日本に帰り着いたのは明治元（1868）年11月。帰国すると栄一はまず血洗島に立ち寄った。実に6年ぶりの帰郷であった。その後、東京で残務整理をし、12月には駿府（静岡）に移動して、前将軍である徳川慶喜に渡仏の報告をしたという。慶喜は栄一を駿府にとどまらせ、中老手付に任じた。栄一は静岡藩に仕官する身となった。

この頃、朝敵となった徳川慶喜は引退しており、徳川宗家は田安亀之助（徳川家達《いえさと》）が継いでいた。従前の領地は召し上げられ、駿河、遠江、三河など70万石の新藩を与えられている。正式に静岡藩と命名されたのは明治2（1869）年。栄一が静岡藩に仕官していたのは、1年にも満たなかった。

明治天皇。王政復古の大号令を発令し、新政府をつくった 出所:国立国会図書館

新政府に請われて東京へ 民部省の官僚となる

明治2(1869)年11月、29歳の時に、渋沢栄一は明治新政府から出仕を命じられた。話は戻るが、24歳で一橋家に仕官した際は、郷里での不手際もあったため、渋沢は一橋家中で働いている間、渋沢篤太夫と名乗っていたという。

栄一が新政府で抜擢されたのは、一橋家での財政改革が評価されたこと、また渡欧の経験があったことなどが理由と思われる。薩摩・長州藩の武士が中

明治天皇の東京行幸を描いた「武州六郷船渡圖」

心となっていた明治新政府は、幕臣に頼らざるを得ないほど人材が不足していたのである。

一橋家、幕府、静岡藩で5年ほど仕官していた栄一は、徳川慶喜への恩義もあり、出仕を命じられても素直に喜ぶことができず、辞意を固めた。しかし、その後、大蔵大輔兼民部大輔であった大隈重信の説得を受け、辞意を翻した。新政府から正式に宣旨を受けたのは11月26日。民部省租税正としての任官だった。新政府に出仕することになったとき、篤太夫改め、正式に「栄一」と名乗るようになったという。

明治2年の頃の行政組織は暫定的なもので、古代律令を基にしていた。最高位に太政官があり、次いで、大臣、納言、参議などが設けられた。この組織は同18(1885)年、内閣制度ができるまで続く。

明治2年当時、大蔵省は国の財政を管理する中央官庁で、民部省は国内行政一般を管轄していた。民部省の主な業務は、田畑、山川、道路の管理・整備、租税制度の整備など。栄一は一橋家仕官の折、徴税業務に通じていたことと、外遊期間中に欧州の金融制度などを見聞きしてきたことから、税金など新政府に必要な制度改革の素案をまとめる租税正や改正掛長に任じられたのだろう。

明治時代になり、慶喜が謹慎生活を送っていた静岡の宝台院　出所：国立国会図書館

大隈重信

明治2年、旧幕府の海軍を率いて箱館の五稜郭にたてこもっていた榎本武揚が降伏。渋沢喜作も参加していた

歴史の転換期に伴う改正案づくりに奮闘。新制度の構築に取り組む

新政府では連日、租税制度の構築、度量衡の統一、太陽暦の採用、銀行制度、貨幣金融制度、郵便制度、鉄道敷設、省庁建設などについて議論が重ねられた。たとえば尺貫をメートルに変更すれば、建物や鉄道など欧州の技術を取り入れた建設や敷設が平易になる。欧米を手本に政府はあらゆる制度の改革に取り組み、栄一は改正掛長として大隈重信の下、それらの改正案づくりに忙殺された。

江戸時代の諸制度の多くを廃し、短期間にあらゆる点で新制度を構築するのは、並大抵のことではなかっただろう。栄一は井上馨や前島密らとともに、寸暇を惜しんで調査し、検討し、建議を重ね、建白するなどして、ひとつひとつ実現していった。

大蔵・民部両省が合併 政府内の確執で懊悩する

明治4(1871)年7月、廃藩置県が行われた。そこで問題になったのは、旧藩主の処遇であった。政府は、各藩が抱えていた借財を放棄し、藩主を県知事などに任命するという施策を採用。また、各藩が発行していた紙幣である藩札を、「円」という新紙幣に交換することを約束した。

同じ7月、民部省が廃止され大蔵省に

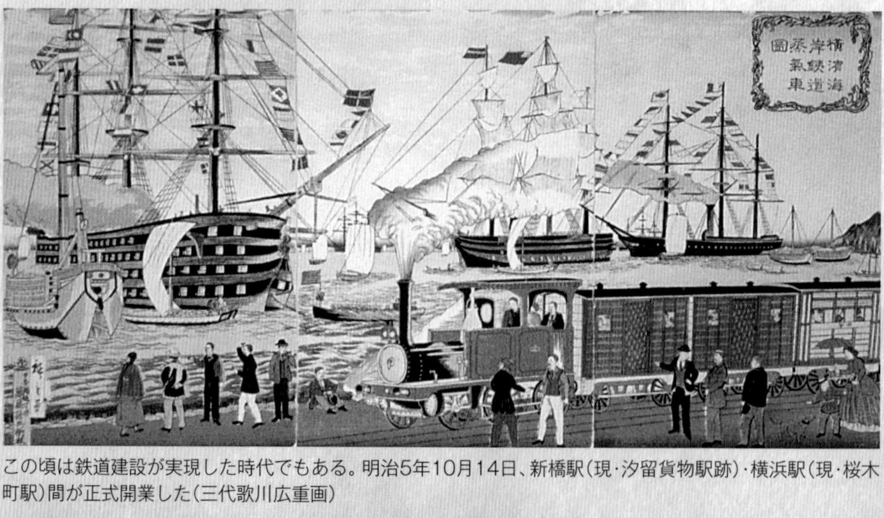

この頃は鉄道建設が実現した時代でもある。明治5年10月14日、新橋駅(現・汐留貨物駅跡)・横浜駅(現・桜木町駅)間が正式開業した(三代歌川広重画)

統一された。この時改正掛が廃止され、栄一は大蔵省租税正に任じられた。12月には新紙幣の「円」の製造をドイツに発注。同5(1872)年2月15日に発行することが正式に決まった。栄一は大蔵省租税正として、こうした議論に参画し、計画の策定や実現に寄与している。

大蔵省は国づくりの中心となり、強大な権限を持つことになった。その分、受ける波浪も大きかったことだろう。それでも栄一は同年2月、大蔵省少輔、現在の事務次官のような地位に昇進した。32歳の時である。この頃から、大蔵省での居心地が悪くなってきたようだ。

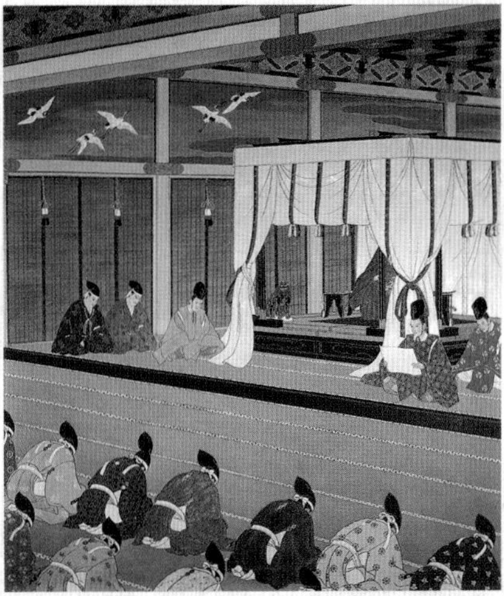

明治4年、政府は「廃藩置県の詔」を発する。幕藩体制は解体された(小堀鞆音画)

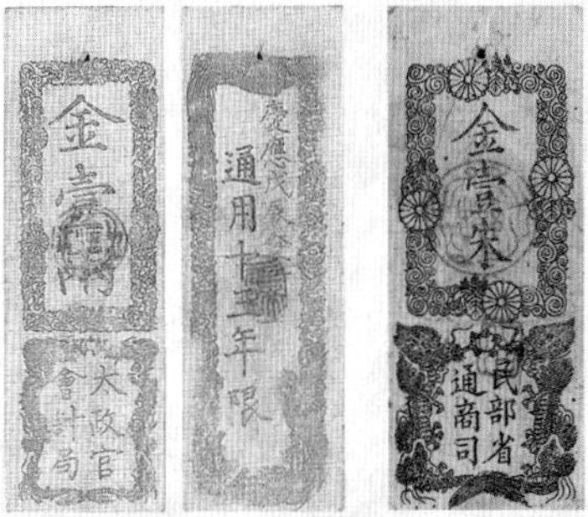

明治初期の貨幣。左2点が太政官札、右が民部省札。これらを整理するため、明治4年に伊藤博文の建議によって新貨条例を公布した

国立銀行券。アメリカのナショナルバンクの制度にならい、明治5年に国立銀行条例を発布した

「富国強兵」「殖産興業」をスローガンに富岡製糸場の設立など国営事業にも関与。が、官吏の仕事に限界を感じ始める

渋沢栄一や井上馨は、民間産業を興して国を豊かにするという理念を掲げ、財政規律を重視していた。一方、時の権力者であった大久保利通は「富国強兵」を掲げ、国営企業の育成と軍備の拡張を主張していた。一例を挙げれば、鉄道の敷設について大久保は国営、栄一は民営と考えるなど正反対である。

もともと大久保は、維新に貢献した薩長の朋輩を用いず、旧幕府の人間を政府の要職に就けることに反対していた。当然、栄一の存在は面白くなかったろう。そんな中でも栄一は、長州藩出身で大蔵省大輔に昇進していた井上馨の力を借りながら、国立銀行創立のための条例策定のほか、民間資本による製紙会社設立の出願などを行っている。

しかし、明治6(1873)年に、その対立は決定的になった。

この年、大蔵省に対する各省の予算要

上州富岡製糸場之図(一曜斎国輝画)。殖産興業策の一環として、明治 5(1872)年に設立された官営模範工場。設立に栄一も関与している

1870年代の東京・中央通り(イメージ)

求が膨大になり、井上馨と栄一は、歳入に見合った歳出に留めるべきという建白書を提出。これを否とした大久保利通や大隈重信らと激しく対立した。

渋沢栄一の考え方は、企業経営に似ている。現在の経済学の知見からいえば、国家財政は必ずしも財政規律に縛られるわけではないが、渋沢にとって収入と支出のバランスを欠くのは許し難いことだったのだろう。

栄一の心の中には、株式という形で資本を集め、自由に事業を行うという欧米諸国の資本主義に対する渇望があった。明治新政府とはいっても武士が官僚に代わっただけで、官による民の蔑視は変わらない、とも感じてもいた。

同6年春に井上馨が大蔵省を辞職。続いて栄一も辞表を提出した。

600近くの企業設立に関与した近代日本経済の父・渋沢栄一の誕生である。

明治時代の大蔵省。こちらの庁舎は、栄一が退官した後の明治10(1877)年に建てられたもの
出所:国立国会図書館

◉渋沢栄一とその周囲の人々 **ゆかりの地 歴史紀行**

静岡県 静岡市

教覚寺

［渋沢栄一ゆかりの地］きょうがくじ

静岡藩に仕えた栄一が寄宿したと伝わる

栄一がパリから帰国すると、徳川慶喜は静岡にいた。明治元(1868)年12月、昭武の書状を渡すため、栄一は静岡に向かった。その後、栄一は静岡藩主に仕え、家族を静岡に呼び寄せた。教覚寺は栄一一家が寄宿していたといわれる寺で、栄一の長女・穂積歌子の著書『はゝその落ち葉』で静岡の暮らしに触れている。

【DATA】
☎054-252-5091 住 静岡県静岡市葵区常磐町2-8-12 営 休 料 拝観自由 P あり 交 JR「静岡」駅から徒歩15分

上:現本堂は昭和49(1974)年に再建
下:栄一に関する案内板がある。栄一は静岡藩を通じて政府出仕を求められ、その後、東京へ移る

静岡県 静岡市

宝台院

［徳川慶喜ゆかりの地］ほうだいいん

慶喜と栄一が約2年ぶりに再会した寺院

慶喜は寛永寺、水戸で謹慎生活を送った後、明治元(1868)年7月、静岡城下の宝台院に入った。慶喜に拝謁した栄一は、静岡藩の勘定組頭に任命される。栄一は同2(1869)年1月、宝台院近くの旧代官屋敷に金融商社「商法会所」を設立。二人が面会した部屋は、昭和15(1940)年の静岡大火災で焼失。境内に石碑が建つ。

【DATA】 ☎054-252-1090 住 静岡県静岡市葵区常磐町2-13-2 営 9:00～16:00 休 土・日曜、祝日 料 本堂宝物室拝観500円 P あり 交 JR「静岡」駅から徒歩10分

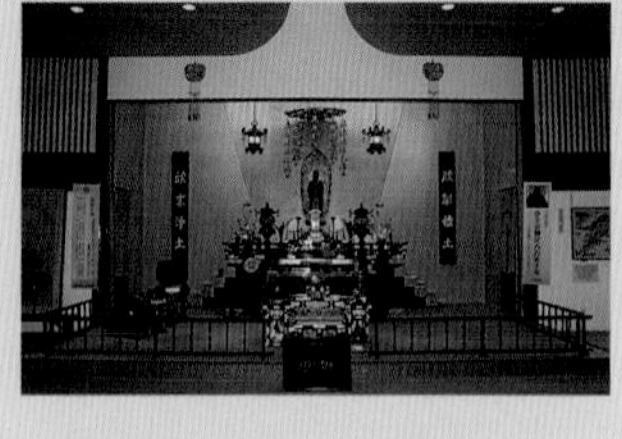

上:永正4(1507)年に開創。現在の建物は昭和45(1970)年に再建
下:白本尊阿弥陀如来立像など多くの文化財を収蔵。宝物室もある

1 2100坪の日本庭園。京都の庭師、小川治兵衛によるもの
2 ライトアップされた庭園も風情がある。懐石料理とともに楽しめる
3 少人数向けの個室のほか、大広間、洋間など多彩な部屋を用意
4 5 静岡駅の近くにありながらも、静かに過ごせる

静岡県 静岡市

浮月楼

[徳川慶喜ゆかりの地]ふげつろう

徳川慶喜が約20年過ごした屋敷跡

明治2(1869)年9月に謹慎を解かれた慶喜は、静岡城下の紺屋町元代官屋敷に移る。同21(1888)年までの約20年間、狩猟や油絵、写真などの趣味を楽しみながら過ごしていたという。現在は料亭として営業しており、約120年もの間、静岡の迎賓館として親しまれている。池泉回遊式の日本庭園は、慶喜が移り住むと同時に整備したもので、春は桜、夏は深緑、秋は紅葉と四季折々の美しい景色を眺められる。食事とともに、庭園散策も楽しみたい。

【DATA】
☎ 054-252-0131 住 静岡県静岡市葵区紺屋町11-1 営 11:00～21:00 休 不定休 P あり 交 JR「静岡」駅から徒歩3分

群馬県 富岡市

富岡製糸場

［渋沢栄一ゆかりの地］
とみおかせいしじょう

繰糸所。創業当初、繰糸器300釜が設置されていた巨大工場。ここで繭から糸をとる作業が行われた（現存する機械は操業停止時の自動繰糸機）

富岡製絲場工女勉強之圖　富岡製絲場全縮圖／明治6（1873）年。上段は富岡製糸場外観、下段は工場で働く女性

器械製糸技術の普及に貢献した官営模範工場

明治5（1872）年に明治政府が設立した模範器械製糸場。当時の主要な輸出品だった生糸の品質向上と増産を目的に、西洋の先端技術を取り入れて造られた。設立の計画は、明治政府の大蔵少輔だった伊藤博文と大蔵省租税正の渋沢栄一が関わって進められた。栄一は農家出身で蚕糸業にも詳しかったため、富岡製糸場設立に関わる主任となる。庶務少佑の尾高惇忠が、工場建設の調整などを担当。工場完成後は、惇

女工館。製糸技術を教えるために訪れていたフランス人女性教師の住居として建てられた。重要文化財

首長館。ポール・ブリュナの住居。ブリュナが去った後は、工女の寄宿舎などにも利用された。重要文化財

東置繭所。2階に乾燥させた繭を貯蔵していた。建設の資材調達は深谷出身の韮塚直次郎が務めた

忠は初代場長となり、また、娘のゆうは工女第1号となっている。

富岡が設立場所に選ばれた理由は、養蚕が盛んで良質な繭を生産していることや、製糸に必要な水と石炭が確保できるためであった。器械製糸技術を国内にひろめるため、フランス人ポール・ブリュナを招き、全国から工女を募集した。製糸場で学んだ工女は、ふるさとに帰り、その技術を伝えた。富岡製糸場が模範となった高品質の日本の生糸は、輸出先からの評価も高く、日本の近代化に大きく貢献した。

富岡製糸場は同26(1893)年に民営化され、昭和62(1987)年に操業停止。100年以上にわたって製糸工場として稼働し続けた。平成26(2014)年には、生糸の大量生産を可能とした「技術革新」と、世界と日本との間の「技術交流」に貢献したことが認められ、「富岡製糸場と絹産業遺産群」としてユネスコ世界遺産に登録。同年、繰糸所、西置繭所、東置繭所が国宝になった。

西置繭所。官営期、1階は石炭置き場として使われていた。2階では繭を貯蔵

【DATA】 ☎ 0274-67-0075(富岡製糸場内総合案内所) 住 群馬県富岡市富岡1-1 営 9:00～17:00(最終入場 16:30) 休 なし 料 一般1000円 P なし 交 上信電鉄「上州富岡」駅から徒歩15分 他 ガイドツアー一般200円、音声ガイド機貸出200円

富岡製糸場とともに回りたい

近代養蚕に関する遺産を訪ねて

群馬県 伊勢崎市

田島弥平旧宅

［渋沢栄一ゆかりの地］
たじまやへいきゅうたく

近代養蚕業の発展に寄与した住居兼蚕室

世界遺産「富岡製糸場と絹産業遺産群」の構成資産のひとつ。田島弥平は、文政5(1822)年に上州島村(現・伊勢崎市境島村)に生まれ、渋沢栄一とは縁戚関係にあった。父の弥兵衛とともに蚕種(蚕の卵)の産地を訪ね、蚕種製造に適した養蚕方法を研究。換気に気を配り、自然に近い環境で蚕を飼育する「清涼育」を開発し、安定した繭生産に成功した。文久3(1863)年、この家屋を建築。2階の蚕室の四方に窓を配置し、屋根に

田島弥平旧宅は個人宅のため内部の立ち入りは禁止。周辺に養蚕農家群が今も残る

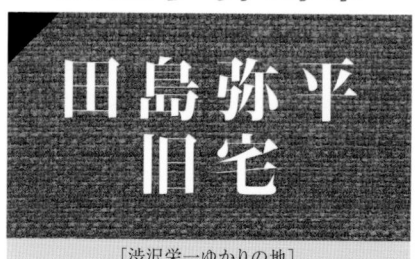

主屋1階の上段の間は毎月第3日曜に公開される

田島弥平旧宅案内所ではパネルなどを展示。ビデオ上映も行っている

案内所は9:00～16:00開館、無休、入館無料。現地ガイドもある

は櫓を取り付け、室内の温度や湿気を調整できる造りにした。この様式は「島村式」と呼ばれ、全国各地の養蚕農家に広まった。明治5(1872)年には蚕種の製造・販売を行う島村勧業会社を設立し、同12(1879)年には蚕種のイタリア直輸出も行い、近代養蚕の発展に尽力した。

建物の見学は外観と桑場1階のみ。近くにある田島弥平旧宅案内所では、資料などを展示している。旧渋沢邸「中の家」へは車で10分ほどなので、合わせて回りたい。

主屋の櫓内部(非公開)。換気設備として櫓を取り入れた

【DATA】 ☎0270-61-5924(田島弥平旧宅案内所) 住 群馬県伊勢崎市境島村2243(田島弥平旧宅案内所は伊勢崎市境島村1968-40) 営 9:00～16:00 休 なし 料 無料 P 田島弥平旧宅案内所の駐車場を利用 交 JR「伊勢崎」駅から車で35分

群馬県 **藤岡市**

高山社跡《たかやましゃあと》

養蚕技術の研究・教育の場

明治17(1884)年に設立された「養蚕改良高山社」の創始者・高山長五郎の生家で、養蚕法の改良や普及教育などを行っていた場所。現在は蚕室や長屋門などが残り、往時の雰囲気を体感できる。近くの高山社情報館では、養蚕に関する資料や桑園などを見学可能。世界遺産「富岡製糸場と絹産業遺産群」の構成資産のひとつ。

【DATA】 ☎0274-23-5997(藤岡市文化財保護課) 住 群馬県藤岡市高山237 営 9:00～17:00(最終入場16:30) 休 なし 料 一般500円 P あり 交 JR「群馬藤岡」駅から車で20分

母屋兼蚕室。屋根には換気用の天窓が設けられている。近代養蚕法「清温育」が開発された場所で、全国の養蚕農家に広まった

群馬県 下仁田町

荒船風穴

あらふねふうけつ

日本最大級の規模を誇る蚕種貯蔵施設

明治38(1905)年に養蚕農家の庭屋静太郎によって建てられた蚕種貯蔵施設。岩の間から吹き出る冷風を利用して蚕種を貯蔵し、ふ化する時期をずらすことで、養蚕の回数を増やすことに成功。繭の大量生産に大きな役割を果たした。下仁田町歴史館では資料の展示も。世界遺産「富岡製糸場と絹産業遺産群」の構成資産。

【DATA】 ☎0274-82-5345(下仁田町教育委員会教育課) 住 群馬県甘楽郡下仁田町南野牧甲10690-2外 営 9:00～16:00(最終入場15:30) 休 12～3月 料 一般500円 P あり 交 上信電鉄「下仁田」駅から車で30分

蚕種貯蔵施設は大正3(1914)年まで造られていた。夏でも2～3℃の風が吹き出ている。駐車場から800mほど歩いた山の中腹にある

埼玉県 美里町

秋蚕の碑

しゅうさんのひ

秋蚕の普及に努めた場所に建つ

富岡製糸場の場長だった尾高惇忠は、秋も養蚕をすることを奨励。松久村(現・美里町)に住む深沢豊次郎が率先して秋蚕に取り組み、その後、関東一円に広まっていったという。秋蚕の碑は、明治29(1896)年11月に豊次郎が建立したもので、撰文・撰書は惇忠。石碑には、秋蚕の由来や業績が記されている。

【DATA】 ☎0495-76-5133(美里町観光協会、美里町農林商工課内) 住 埼玉県児玉郡美里町木部468-1 料 見学自由 P なし 交 JR「松久」駅から徒歩8分

秋蚕は日本の蚕糸業の発展に大きく貢献。碑の裏側には協力者の名が連なり、渋沢栄一、尾高惇忠の名前も記されている

埼玉県 **本庄市**

競進社模範蚕室

きょうしんしゃもはんさんしつ

近代養蚕技術の発展と普及に大きく貢献

明治27(1894)年、高山社を設立した高山長五郎の弟で、養蚕技術の改良・普及に力を注いだ競進社社長・木村九蔵《くぞう》が建設。養蚕飼育法「一派温暖育」を実践した場所であり、現在は飼育室などを見学できる。明治から大正にかけての本庄は日本屈指の繭の集散地であり、模範蚕室で教育を受けた周辺の養蚕地帯から、大量の繭が富岡製糸場に供給された。

【DATA】 ☎ 0495-71-1121 住 埼玉県本庄市児玉町児玉2514-27 営 9:00～16:30 休 月曜(祝日の場合は翌日) 料 無料 交 JR「児玉」駅から徒歩3分

当時の養蚕の様子を体感できる絹産業遺産。4部屋構造で、屋根には4基の高窓を設置。高山社跡から車で20分離れた場所にある

埼玉県 **熊谷市**

片倉シルク記念館

かたくらしるくきねんかん

富岡製糸場の姉妹工場跡地を利用

富岡製糸場は昭和14(1939)年に片倉製糸紡績(現・片倉工業)と合併。片倉シルク記念館は片倉工業熊谷工場の繭倉庫を利用した史料館で、実際に使われていた製糸機械や生糸ができるまでの過程、当時の暮らしぶりなどを紹介している。平成19(2007)年、近代化産業遺産に認定された。

【DATA】 ☎ 048-522-4316 住 埼玉県熊谷市本石2-135 営 10:00～17:00(最終入館16:30) 休 月・火曜 料 無料 交 JR「熊谷」駅から徒歩15分

熊谷工場は平成6(1994)年まで操業。繭倉庫は明治32(1899)年に建てられたものを改修。製糸業の歴史を伝える資料上映もある

【第二章】

官から民へ 実業家時代

◉退官後、民間人として活動

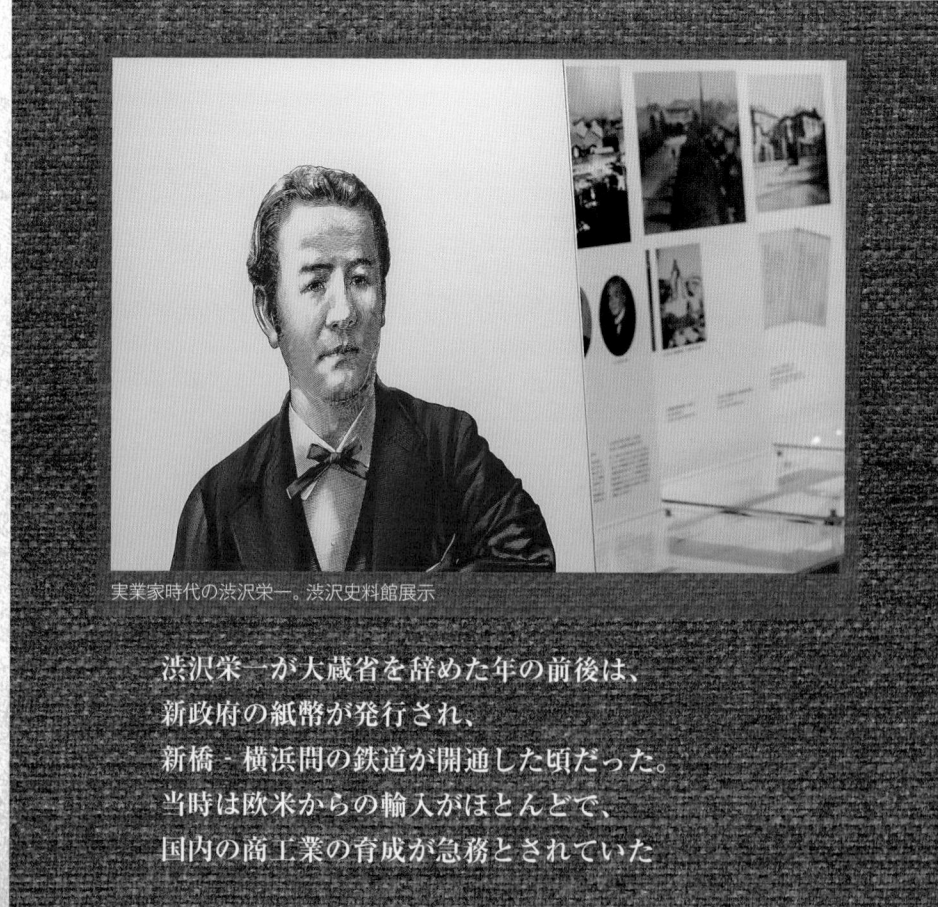

実業家時代の渋沢栄一。渋沢史料館展示

渋沢栄一が大蔵省を辞めた年の前後は、
新政府の紙幣が発行され、
新橋 - 横浜間の鉄道が開通した頃だった。
当時は欧米からの輸入がほとんどで、
国内の商工業の育成が急務とされていた

第一国立銀行の錦絵　写真提供：日本銀行金融研究所貨幣博物館

活躍の場を実業界へ
近代銀行・第一国立銀行の設立を手掛ける

国立銀行の創立に携わり
合本主義の実現に努める

3年間勤めた大蔵省に辞表を提出した翌月の明治6(1873)年6月、栄一は国立第一銀行の創立総会に出席した。株主が集まった設立総会で栄一は取締役に推薦されたが、辞表を提出したものの、まだ官職にあったため固辞している。

欧州視察の経験から、国内の商工業の発展には、広く資本と人材を集めて起業家を支援する銀行の存在が不可欠と栄一は考えていた。それだけになおさら、国内初の銀行の設立は感慨深かったことだろう。

栄一は、生涯で600近い企業の設立に関与(P122)したといわれるが、深く経営に関わったのはいくつかの企業だけだった。なかでも銀行への思い入れは強く、その経営には晩年まで携わっている。

第一国立銀行は、その後、株式会社第一銀行、帝国銀行、第一勧業銀行と変遷し、現在のみずほ銀行へと引き継がれている。

東京株式取引所(現・東京証券取引所)前。明治11(1878)年に設立した

栄一は生涯をかけて「合本主義」を提唱した。合本主義とは広く資本を集めて株式会社や有限会社、合名会社などを設立し、武士や農民など階級にこだわらずに有為な人材を集め、商工業を盛んにして国を豊かにする、というものであった。そして銀行は、企業の成長や困難を乗り越えるために、必要な資金を提供する産業振興の要になると考えていた。

さらに、銀行も企業も公益を大切にしなければならず、市場を独占したり、個人の利益を追い求めたりするのは慎むべき、と機会があるごとに訴えた。

栄一は若い頃から漢籍に親しんでいたためか、実業家にも儒教的な倫理観が必要だと考えていた。利益至上主義に陥りがちな近年の資本主義を、もし栄一が見たならば、どう思うだろう。

退官後33歳から30数年間で国内商工業を欧米並みに整えた

渋沢栄一はかなり早い時期から産業振興に携わっている。話は遡るが、明治

栄一は欧米にならって整備を進めた。写真はニューヨーク証券取引所（左）、ロンドンにある王立証券取引所（右）

5(1872)年、官営の富岡製糸場が設立された。外国人技術者を招いて、輸出向け絹糸の品質向上を目指すモデル工場である。この事業を推し進めたのが当時の大蔵省少輔・伊藤博文で、大蔵省租税正・渋沢栄一が富岡製糸場設置主任に任命された。

用地選定から操業まで実際の建設や運営にあたったのは、学問の師であった尾高惇忠であった。開業後は場長として力を尽くしたものの、事業が順調になるまでは苦労の連続であったという。

日本初の民間銀行となった第一国立銀行
出所：国立国会図書館

上：この頃、欧米の風俗や習慣、生活様式などを盛んに取り入れた欧化政策がとられた。明治16（1883）年に東京日比谷内幸町に落成した鹿鳴館もそのうちのひとつ
左：明治44（1911）年に開業した帝国劇場（右）は栄一も設立に関与

国営事業は意思決定が容易でなく、無駄が多くて採算をとるのは難しい……。もしかすると栄一は、従兄でもあった惇忠の苦労を見て、そんな風に思ったのかもしれない。鉄道敷設の際、国営化するべきとした大久保利通に対し、民営にすべきと栄一が異を唱えたのも、実務家としての経験から出た意見だったのだろう。

栄一の知識で特筆されるのは、大蔵省に勤めているころから、すでに複式簿記の知識を得ていたことだった。

明治5（1872）年5月、栄一は大蔵省で洋式の複式簿記を採用すべきと進言したが、出納頭であった得能良介が大福帳を使う和式を主張し、言い合いになったことがある。欧米の企業と互角にわたりあうためには、国際標準の複式簿記を採用するのが当然だ。今となっては当たり前のことだが、当時はそうした知識を持っている人材が少なかった。恐らく、欧米の複式簿記を用いなければ損益計算書も貸借対照表も作ることができず、自社の損益を客観的に理

明治23(1890)年、鹿鳴館の隣に誕生した帝国ホテル

商工業を盛んにして富国を目指す。日本経済発展の道筋を想い描き、奔走した

解したり、欧米と対等に取引する事業家の育成は困難であったろう。

複式簿記は現代では普通に用いられているが、今でも損益計算書や貸借対照表を読める経営者は限られる。産業の勃興期であった明治初期に栄一がその知識を身に付けていたとすれば、その後に事業家として成功したのは当然ともいえるだろう。

33歳で大蔵省を辞めてから60歳近くになるまで、栄一は精力的に活動し、数多くの企業の設立に関わり、投資を行った。渋沢栄一が最も輝いた時代である。

栄一の手掛ける事業の特徴は、特定の企業を経営して規模を拡大していくのではなく、出資することに重心が置かれている。設立に関与した600近くの企業の中には、資金を提供しただけというものも多いのだ。かつて秘書を務めていた芝崎確次郎は、栄一のことを「出資者経営者」と評したと聞くが、まさにそれが、渋沢栄一の事業スタイルだったのだろう。

1880年代の銀座

明治37(1904)年頃の日本橋川

しかし、栄一の心の底には、商工業を盛んにして国全体を富ませるという理念があった。そのためには、各企業の経営実務に携わるよりも、大所高所から日本に必要な企業の設立に力を注ぐべき、という合理的な判断があったとも考えられる。

だからこそ、実務に携わる「経営者」としての仕事は最小限にとどめ、「出資者」として産業振興に力を注いだのかもしれない。結果として、家内制手工業が中心だった江戸の産業を、明治以降の数十年間で、欧米と肩を並べるまでに成長させることができた。それが、渋沢栄一の最大の功績である。

浅草の仲見世がレンガ造りになった。東京浅草観世音並公園地煉瓦屋新築繁盛新地遠景之図 / 栄斎重清：三浦武明，明治19(1886)年　出所：国立国会図書館

東京瓦斯株式会社第一工場。栄一はインフラ整備にも注力し、明治18(1885)年に東京瓦斯会社を設立　出所：国立国会図書館

金融・交通・通信など多岐にわたって尽力。関わった企業・団体は数知れず

退官後は資金と人材とを集め現在に続く優良企業を設立

退官して銀行設立に参画した後、栄一はすぐに製紙会社の設立に取り組んだ。出資したのは三井組や小野組などで、国内で3番目に設立された製紙会社であったという。

この会社は、官需のほか新聞などの民需に支えられていたが、品質に問題があって受注が減り、まもなく赤字に陥った。栄一は米国に人を派遣して技術を持ち帰り、ようやく品質を向上させることに成功した。黒字経営になるまで10年ほどもかかったという。それが現在の王子製紙だ。

明治12(1879)年、39歳の時には、東京海上保険会社を設立。出資者は元大名の華族などが中心だった。華族は当時、領地を失った代わりに現金や公債が支給されていた。裕福な人が多かったため、栄一はそれらの人たちに声を掛けて出資を募ったのである。

保険会社創立の背景には、江戸時代には税を米で納めていたものが金納に代わったため、農家は米を船舶などで運搬して販売する必要が生じたことにある。万一の事故の場合、その補償をする保険会社が必要だと栄一は考え、保険会社の設立に至ったのだ。

東洋紡績株式会社(現·東洋紡)。社名を付けたのは栄一である　出所:国立国会図書館

東京石川島造船所　出所:国立国会図書館

その後、海外貿易が盛んになるとともに、明治18(1885)年には日本郵船会社を設立。それとともに東京海上保険会社は、さらに事業を拡大することになった。

少し時代は戻るが、同11(1878)年、38歳の時には東京商法会議所(現·東京商工会議所)を設立。会頭に就任している。業種を問わず企業経営者が参集して情報交換する組織は、江戸から明治に代わって以来、初めてのことで、産業育成には大いに貢献した。

この年には、大久保利通が暗殺されている。大久保亡きあと、国営事業のいくつかが払い下げられたが、栄一は同18(1885)年に国営ガス会社の払い下げを受け、東京瓦斯製造会社を設立している。

渋沢栄一は60歳前後まで事業参画への意欲は衰えず、積極的に投資を続けていた。その主なものを挙げると次のようになる。

明治21年(48歳)、札幌麦酒会社創立。同22年(49歳)、石川島造船所創立。同24年(51歳)、東京交換所創立。同25年(52歳)、東京貯蓄銀行創立。同28年(55歳)、北越鉄道会社創立。同29年(56歳)、日本精糖会社創立など。

その間、同18(1885)年には内閣制度が発足、同22(1889)年には大日本帝国憲法が公布されるなど、欧米列強と伍する近代国家の日本ができあがりつつあった。大久保利通が目指した富国強兵は現実のものとなり、渋沢栄一が目指した民間産業振興も欧米に劣らない規模に成長した。

19世紀の終わり頃から、栄一が関与する企業の設立は徐々に少なくなり、すでに設立した企業の事業拡大とともに、栄一は数社の取締役などを務めるようになっていった。起業家としての渋沢栄一は、そのキャリアの終盤を迎えつつあったといえるだろう。

一方で、明治27(1894)年には日清戦争の勃発、同33(1900)年には北清事変、同37(1904)年には日露戦争が始まるなど、世情には動乱の兆しが見えてきた。

栄一は若い頃の一時期、攘夷思想に染まったものの、基本的には平和主義

全国各地のあらゆる事業に参画し、民間産業振興に投資し続けた

者であった。官僚時代には征韓論に反対し、台湾併合に反対した。複式簿記の採用をめぐって論争した際、出納頭の得能良介が殴りかかってきても、説諭して争いを避けた。栄一はその後も、太平洋戦争に至るまで、経済人として戦争の回避に努力したが、思い通りにはならなかった。

栄一は日本の産業育成に一息ついた頃から、社会貢献に力を注ぐようになった。

明治7（1874）年から東京養老院の運営に携わり、同13（1880）年には博愛社（のちの日本赤十字社）を設立するなど、栄一は人のために尽くすのを本分としていた。

次章では、そうした活動を中心に、渋沢栄一の晩年の人生を振り返ってみよう。

大正3（1914）年当時の東京駅

◉ 渋沢栄一とその周囲の人々

ゆかりの地 歴史紀行

東京都 千代田区

東京商工会議所

［渋沢栄一ゆかりの地］
とうきょうしょうこうかいぎしょ

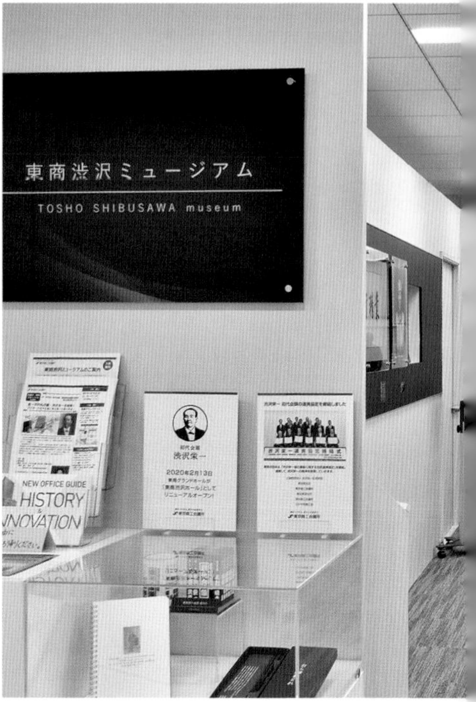

東京商工会議所本部（丸の内二重橋ビル）

栄一が初代会頭を務めた日本初の商法会議所

明治維新後、政府が国力強化や貿易振興に取り組むなかで、商工業者の世論機関が必要とされるようになった。そこで、伊藤博文、大隈重信が渋沢栄一に機関設立を働きかけ、大倉喜八郎ら7名の創立発起人とともに準備が進められた。

明治11（1878）年、東京商法会議所（現・東京商工会議所）が誕生。設立当初の会員は51名で、栄一は初代会頭に選任された。栄一は東京商法会議所を通じて、不平等条約改正のロビー活動や、第18代アメリカ合衆国大統領のユ

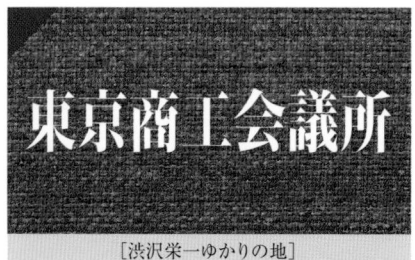

リシーズ・グラント将軍の接遇、経済使節団「渡米実業団」の団長を務めるなどし、民間外交の一翼を担う団体としても注目を集めた。

現在の東京商工会議所6階には、栄一に関する資料を展示する「東商渋沢ミュージアム」がある。栄一の直筆の書「不平等即平等」をはじめ、栄一の生涯を紹介するパネルや同会議所所蔵の史料などを見ることができる。そのほか、1階には渋沢栄一像、5階には大ホール「東商渋沢ホール」などがある。

東商渋沢ミュージアム
2019年11月に開設した「東商渋沢ミュージアム」には栄一の直筆書物や銅像などを展示。箸や湯呑み、ノートといったオリジナルグッズも販売している

上：栄一の生誕180周年を記念してリニューアルした「東商渋沢ホール」
左：1階に立つ渋沢栄一像。栄一が会頭に就任したのは38歳。その5年後の43歳の写真をモチーフにして製作された

【DATA】 ☎ 03-3283-7500（代表） 住 東京都千代田区丸の内3-2-2 営 東商渋沢ミュージアムは9：30～16：30 休 土・日曜、祝日 料 無料 P あり 交 地下鉄「日比谷」駅、「二重橋前」駅からすぐ（地下通路直結）

1 売買監理業務を行うマーケットセンター
2 証券史料ホール。日本の証券市場の歴史などを解説している
3 架空所持金を元手に架空銘柄の売買を体験できるコーナー
4 現在の本館は昭和63(1988)年に改築された
5 書類や書籍などを閲覧できるインフォメーション・テラス
写真提供:日本取引所グループ

東京都 中央区

東京証券取引所

[渋沢栄一ゆかりの地]とうきょうしょうけんとりひきじょ

栄一らの出願で生まれた証券取引機関

明治11(1878)年に日本初の公的な証券取引機関として設立された東京株式取引所(現・東京証券取引所)。発起人には栄一のほか、今村清之助、ジャーナリストの福地源一郎、栄一の従兄の渋沢喜作らが名を連ねた。昭和18(1943)年に全国の取引所と統合され、同24(1949)年に東京証券取引所として再開。

見学施設「東証Arrows」には株式投資体験コーナーや証券史料ホールなどがある。証券史料ホールでは、栄一に関する資料を見ることができる。

【DATA】
☎050-3377-7254(東京証券取引所 見学担当) 住 東京都中央区日本橋兜町2-1 営 東証Arrows 9:00～16:30(最終入館16:00) 休 土・日曜、祝日 料 無料 P なし 交 地下鉄「茅場町」駅、「日本橋」駅から徒歩5分

東京都 中央区

兜町ビル（銀行発祥の地）

［渋沢栄一ゆかりの地］かぶとちょうびる（ぎんこうはっしょうのち）

日本初の近代的銀行が誕生した地

大蔵省を辞し、実業界に活躍の場を移した栄一が最初に手掛けたのが第一国立銀行（現・みずほ銀行）の設立だった。明治6（1873）年に総監役、同8（1875）年に頭取に就任した。同29（1896）年に第一銀行に改称。大正5（1916）年まで頭取を務めた。現在は、その地にみずほ銀行兜町支店がある。

【DATA】
住 東京都中央区日本橋兜町4-3 営 休 料 見学自由 P なし 交 地下鉄「日本橋」駅、「茅場町」駅から徒歩3分

上：南側壁面には「銀行発祥の地」のプレートが埋め込まれている
下：栄一の足跡や歴代の建物について紹介するパネルを展示

東京都 中央区

日証館

［渋沢栄一ゆかりの地］にっしょうかん

渋沢邸跡地に建つレトロビル

東京証券取引所の向かいに立地。この場所に栄一の本邸があった。渋沢邸がこの地に建てられたのは明治21（1888）年。日本橋川沿いに建つベネチアンゴシック様式の建物だった。栄一は同34（1901）年まで在住した。関東大震災で焼失し、昭和3（1928）年、その跡地に日証館が建設された。現在はオフィスビルとして利用されている。

【DATA】
住 東京都中央区日本橋兜町1-10 営 休 料 見学自由（外観のみ） P なし 交 地下鉄「日本橋」駅、「茅場町」駅から徒歩5分

日証館は横河民輔の設計。ロビーには、栄一がこの場所に邸宅を建てた際、日本経済の発展を祈念し縁起石として設置した赤石がある

東京都 千代田区

帝国ホテル 東京

[渋沢栄一ゆかりの地]ていこくほてる とうきょう

❶❷ 国内外の多くの著名人が滞在する歴史あるホテル。伝統を受け継ぎながら、上質なホテルライフを提供する

❸ 当時、外交施設「鹿鳴館」の隣に建設。現本館は昭和45(1970)年に開業した

栄一らが発起人となって生まれた日本の迎賓館

外交活動も積極的に行っていた栄一は、海外からの賓客をもてなすための宿泊施設が必要と感じ、井上馨、大倉喜八郎らと新ホテルの建設を計画。明治23(1890)年、帝国ホテルが開業した。栄一は初代会長(後に取締役会長)に就任。外国人へのサービスを追求し、欧米との対等な関係を築くための外交拠点として活用された。開業から130年の間、ランドリーサービスやバイキングスタイルの食事、ホテルウェディングなど、帝国ホテルから生まれたサービスは数多くある。

【DATA】

☎ 03-3504-1111(代表) 住 東京都千代田区内幸町1-1-1 P あり 交 地下鉄「日比谷」駅、「内幸町」駅から徒歩3分

東京都 千代田区

帝国劇場

［渋沢栄一ゆかりの地］ていこくげきじょう

劇場設立など文化活動の支援も

明治39（1906）年に劇場新設のための委員会が発足され、その委員長を栄一が務めた。翌年、帝国劇場株式会社を設立。会長に栄一が選出された。帝国劇場は、外国の賓客を迎える際の日本の伝統芸能を紹介する場として、オペラだけでなく、歌舞伎も上演できる劇場として造られた。同44（1911）年、日本初の本格的な洋式劇場として開場した。

【DATA】
☎03-3213-7221 住東京都千代田区丸の内3-1-1 Pあり
交地下鉄「日比谷」駅、「有楽町」駅からすぐ

さまざまな演目が上演され、大正時代には「今日は帝劇、明日は三越」という流行語も生まれた。昭和12（1937）年に東宝の所有に

写真提供：東宝演劇部

東京都 千代田区

常盤橋公園

［渋沢栄一ゆかりの地］ときわばしこうえん

金融機関が集まる大手町にある

江戸城の城門のひとつ「常盤橋門」の跡地で、現存する石垣などが国の史跡に指定されている。昭和8（1933）年、財団法人渋沢青淵翁記念会（現・渋沢栄一記念財団）によって、公園として整備された。園内には、朝倉文夫が製作した渋沢栄一の銅像が立つ。戦争による金属回収で撤去されたが、同30（1955）年に再建された。

【DATA】☎03-3556-0391（千代田区観光協会）住東京都千代田区大手町2-7-2 営休料見学自由 Pなし 交地下鉄「三越前」駅から徒歩5分

現在の像は2代目。銅像の後方には、日本銀行の新館が建つ

東京都 江東区

渋沢栄一宅跡

［渋沢栄一ゆかりの地］しぶさわえいいちたくあと

実業家として走り出した栄一が構えた自宅跡

栄一が明治9（1876）年から同21（1888）年まで過ごしたのが、深川福住町（現・江東区永代）だった。栄一は同22（1889）年から同37（1904）年まで深川区会議員を務めるなど、兜町、飛鳥山へ移り住んだ後も深川と強い関わりがあった。現在は、オフィスビル「澁澤シティプレイス永代」付近に説明板が立っている。

【DATA】☎03-3647-9819（江東区文化観光課）住 東京都江東区永代2-37 営休料 見学自由（説明板のみ）P なし 交 地下鉄「門前仲町」駅から徒歩4分

江東区登録史跡の説明板がある。兜町に本邸を移した後も、別邸として利用していたという 写真提供：江東区観光協会

東京都 江東区

澁澤倉庫発祥の地

［渋沢栄一ゆかりの地］しぶさわそうこはっしょうのち

渋沢邸内での倉庫業が始まり

明治30（1897）年、栄一は深川福住町の邸内に澁澤倉庫の前身・澁澤倉庫部を発足。もともと邸内の蔵を地元の商人などに貸し出していたが、本格的な倉庫業をスタートさせた。営業主に栄一、倉庫部長に息子の篤二が就任。同42（1909）年に株式会社組織となり、総合物流業として業務を拡充・拡大していった。

【DATA】
住 東京都江東区永代2-37 営休料 見学自由（碑のみ）P なし
交 地下鉄「門前仲町」駅から徒歩4分

澁澤シティプレイス永代の敷地内にある碑。栄一は産業・経済の発展に物流業、倉庫業が必要と早くから予見していた 写真提供：江東区観光協会

Column

東京駅とも縁が!?

渋沢栄一と鉄道事業

日本経済の発展に欠かせない交通事業にも渋沢栄一は深く関わっていた。新一万円札に描かれる東京駅など、ゆかりの駅舎や鉄道が各地にある

鉄道事業にも尽力。日本の鉄道網の基盤を築く

東京駅は明治41(1908)年3月に着工、大正3(1914)年に開業した。初代東京駅の構造用レンガは、栄一が中心となって設立を進めた埼玉県深谷市の日本煉瓦製造工場で造られたもので、2024年発行予定の新一万円札の裏には東京駅丸の内駅舎が描かれる。栄一は日本鉄道(現・東日本旅客鉄道)の役員として活動するほか、全国各地の鉄道会社の設立や経営などにも関わり、鉄道網の整備に力を注いだ。

開業時の東京駅

長さ335m、高さ45mの欧風建築物で、設計は辰野金吾。東京駅開業祝賀会には栄一も参列している

現在の東京駅

創建当時の赤レンガ駅舎を再現。ドーム部分も復活させて話題に。平成24(2012)年に復元工事が完了した

京阪電気鉄道

京都と大阪をつなぐ京阪電気鉄道は、栄一が創立委員長となり、明治39(1906)年11月19日に創立

埼玉県 深谷市

旧煉瓦製造施設

［渋沢栄一ゆかりの地］
きゅうれんがせいぞうしせつ

生産も輸送も近代的 栄一が唯一故郷に建てた工場

文明開化を象徴するレンガ造りの洋風建築。東京駅や東宮御所（現・迎賓館赤坂離宮）など、明治の名建築に欠かせないレンガの製造を担ったのが、栄一が唯一故郷の深谷市に設立した会社・日本煉瓦製造株式会社である。

レンガ造りの官舎による官庁街の整備を進めた明治政府は、栄一にレンガの大量生産を要請。栄一は生地の近く、良質な粘土に恵まれた瓦の産地・上敷《じょうしき》免《めん》村を工場建設地として推薦し、他4人と連名で、会社の設立認可を受けた。

明治21（1888）年に事務所と最新式のホフマン輪《わ》窯《がま》を建設し、操業を開始。以後、窯を増設し増産を進めていく。特筆すべきは、日本初の機械成型レンガ工

ドイツ人レンガ技師チーゼが自ら設計し、娘クララと共に暮らした居宅兼事務所。明治21（1888）年頃の建築で、当時の面影を伝える貴重な木造洋館だ。昭和53（1978）年から史料館となり、現在は貴重な文書や写真、昔の風景のジオラマなどを展示公開している

明治40（1907）年建造のホフマン輪窯6号窯。ドイツ人のホフマンが考案したレンガを連続焼成できる画期的な窯で、国内に現存する4基のうち最大規模。盛時は月産65万個を誇り、昭和43（1968）年まで稼働した
※保存修理工事のため、2024年頃まで通常見学を休止中

場であるとともに、日本で初めて民間専用の鉄道線を敷設したこと。工場と深谷駅を鉄路で結び、速く大量に全国各地へ、というのは栄一の発案だ。

最盛期には6基の窯でレンガを量産し、日本の近代建築を支えたが、需要減少など時代の波に押され、平成18(2006)年に廃業した。現在、専用鉄道跡は遊歩道になり、国指定重要文化財の窯や建物は深谷市が所有。

明治39（1906）年、市内初となる電力導入の際に建てられた旧変電室

明治28（1895）年、工場-深谷駅間の約4kmにレンガ輸送専用鉄道を敷設。備前渠（びぜんきょ）用水にかかる鉄橋は往時の姿をとどめている

【DATA】 ☎ 048-577-4501（深谷市教育委員会文化振興課）住 埼玉県深谷市上敷免28-10 営 土・日曜9:00～16:00（最終入館15:30）休 月～金曜、祝日 料 無料 P あり 交 JR「深谷」駅から車で15分

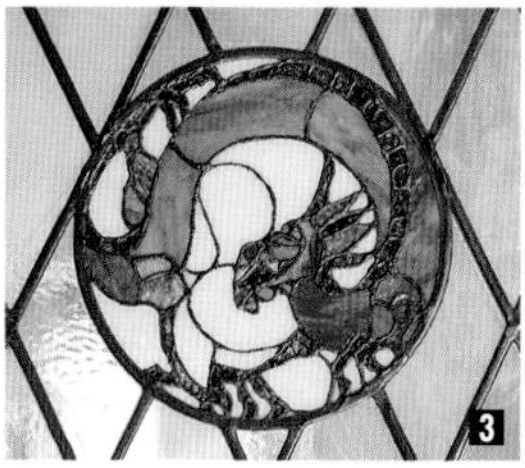

1 外観はイギリスの農家風。屋根は天然スレート瓦、装飾的な外壁は日本煉瓦製造のレンガを使用している 2 家具デザイナーの森谷延雄が手がけた大広間のステンドグラス 3 龍と鳳凰のステンドグラスが化粧所扉を彩る 4 大広間に飾られている栄一のブロンズレリーフ 5 大広間の天井には彫刻があしらわれている。内装の意匠にも注目

埼玉県 深谷市

誠之堂

[渋沢栄一ゆかりの地]せいしどう

栄一の喜寿を祝うレンガ造りの洋館

大正5(1916)年、栄一の喜寿(77歳)を記念して建築されたレンガ造りの洋館。栄一が初代頭取を務めた第一銀行の行員らが出資し、東京都世田谷区にあった同行の保養施設「清和園」内に建てられた。大正建築の名手・田《た》辺《なべ》淳《じゅん》吉《きち》が設計し、外観は英国の田舎風ながら、東洋風の意匠を随所に取り入れ、大正ロマンの趣が漂う。集会所などに利用された後、取り壊しの危機に陥るも、深谷市が平成9(1997)年に譲り受け、2年後に現在地に移築。同15(2003)年、国の重要文化財に指定された。

【DATA】

☎048-577-4501(深谷市教育委員会文化振興課) 住 埼玉県深谷市起会110-1(大寄公民館敷地内) 営 9:00〜17:00(最終入館16:30) 休 なし 料 無料 P あり 交 JR「深谷」駅から車で15分

1 白壁をスクラッチタイルで縁取った南欧風の外観。色の黒い鼻黒レンガもアクセントに。青や緑の釉(うわぐすり)のスパニッシュ瓦が白壁に映える南欧風の佇まい **2** アーチ開口部が設けられたベランダ **3** 大広間では栄一の像がお出迎え **4** アーチ型の出窓。周りを幾何学的なステンドグラスで装飾 **5** 大広間にはレンガのアーチ型暖炉も。昔からの火除け板が残る

埼玉県 **深谷市**

清風亭

[渋沢栄一ゆかりの地]せいふうてい

誠之堂と並び建つ大正時代の名建築

栄一の次に第一銀行頭取となった佐々木勇之助《ささきゆうのすけ》の古希(70歳)を祝い、大正15(1926)年に建てられた洋館。当時流行していたスペイン風の様式を取り入れ、銀行建築の第一人者・西村好時《にしむらよしとき》が設計した。初期の鉄筋コンクリート造として、建築史的にも貴重な建物だ。平成16(2004)年、埼玉県の有形文化財に指定された。誠之堂と同様、行員らの出資により「清和園」内に建てられた集会所で、誠之堂と共に移築復元。趣の異なる大正期の名建築2棟が並ぶことで、個々の価値を引き立てている。

【DATA】
☎ 048-577-4501(深谷市教育委員会文化振興課) 住 埼玉県深谷市起会110-1(大寄公民館敷地内) 営 9:00～17:00(最終入館16:30) 休 なし 料 無料 P あり 交 JR「深谷」駅から車で15分

埼玉県 深谷市

青淵公園

［渋沢栄一ゆかりの地］せいえんこうえん

雅号「青淵」を冠した、生家裏手の公園

清水川沿いの東西に細長い敷地に、花の広場や各種アスレチック遊具などが設置された約10万m^2もの広大な公園。「渋沢栄一記念館」や「中の家《なかんち》」に隣接し、栄一ゆかりの公園として整備された。「青淵」は栄一の雅号で、この辺りにあった美しい淵にちなみ、従兄で論語の師である尾高惇忠《おだかじゅんちゅう》が命名。園内には、雅号の由来を示す石碑や再現された青淵、惇忠の雅号「藍香《らんこう》」を冠した橋のほか、「短所は自然に消滅する」など、栄一の言葉を記した20の掲示板が点在する。冬季のイルミネーションも有名だ。

1 栄一の雅号「青淵」を冠した広大な公園。写真は大型スライダーなどがあるこども広場

2「青淵由来之跡」の碑。揮毫は第23代内閣総理大臣の清浦奎吾、昭和12（1937）年建立

3 園内の道はウオーキングコースになっている

4 かつて青々と美しい淵があった石碑近くに、青淵池を造成。旧渋沢邸「中の家」の裏庭に隣接している

【DATA】

☎ 048-571-1211（深谷市役所代表）**住** 埼玉県深谷市下手計1241 **営** **休** **料** 入場自由 **P** あり **交** JR「深谷」駅から車で15分

Column

レトロな
雰囲気が
漂う

レンガのまち、深谷をぶらり

日本で最初の機械式レンガ工場ができた深谷市。
街歩きを楽しみながら、レンガスポットを訪ねてみよう

滝澤酒造《たきざわしゅぞう》

文久3(1863)年創業で、深谷の地酒「菊泉」の蔵元として知られる。旧中山道沿いに蔵を構え、レンガ造りの煙突が存在感たっぷり。酒の購入も可能(9:00〜18:00、日曜・祝日休)。

【DATA】☎048-571-0267 住 埼玉県深谷市田所町9-20 営 休 外観の見学は自由 P あり 交 JR「深谷」駅から徒歩15分

深谷駅《ふかやえき》

深谷のレンガで造られた東京駅がモチーフになっている。「関東の駅百選」にも選ばれている。駅の北口を出ると、渋沢栄一像がある青淵広場がある。

深谷市役所《ふかやしやくしょ》

新庁舎が2020年に完成。レンガウオールを用いた外壁や、ホフマン輪窯のアーチを彷彿とさせる回廊など、深谷らしさが随所に。多目的ホールや休憩スペースなどもあり、市民憩いの場として利用されている。

【DATA】☎048-571-1211(代表) 住 埼玉県深谷市仲町11-1 営 8:30〜17:15 休 土・日曜・祝日 P あり 交 JR「深谷」駅から車で5分

市のシンボルもレンガ調。フォトスポットとしても人気

渋沢栄一が設立した日本煉瓦製造株式会社の工場が深谷市にあったことから、深谷市内にはレンガ造りの建物が多い。門や塀などにも使われ、地元の人にとっては身近な建材だったという。深谷市ではレンガを生かしたまちづくりを推進しており、駅や市役所などもレンガ調。思わず写真におさめたくなる景観だ。

北海道 札幌市

サッポロビール博物館

［渋沢栄一ゆかりの地］
さっぽろびーるはくぶつかん

栄一らが経営に参加した札幌麦酒の歴史がここに

明治政府は、北海道開拓のために「開拓使」を設置。開拓使は日本人で初めてドイツで修業したビール醸造人・中川清兵衛を迎え入れ、明治9(1876)年に「開拓使麦酒醸造所」が完成した。開拓使が廃止された同15(1882)年、開拓使麦酒醸造所は農商務省工務局の所管となり「札幌麦酒醸造所」と改称。同19(1886)年の北海道庁設立後に大

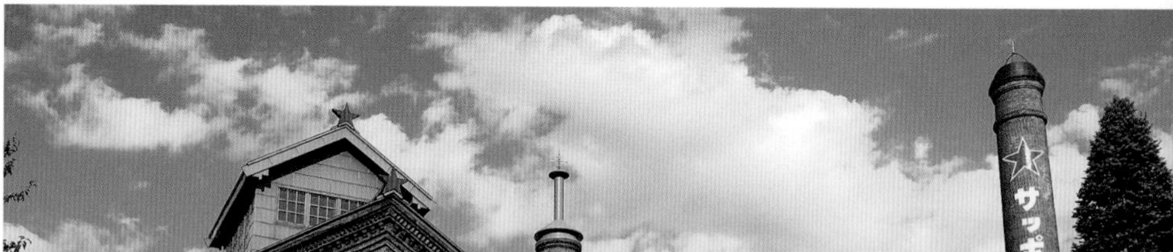

明治時代の面影を残すレンガ造りの建物。生ビールとジンギスカンを味わえるサッポロビール園を併設

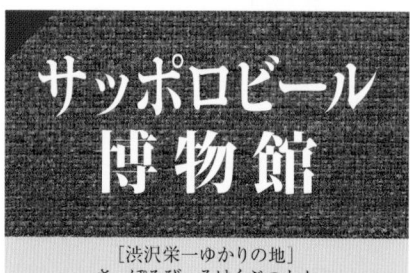

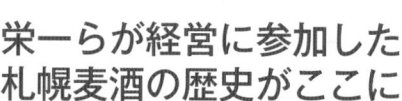

1 ウェイティングラウンジ
2 プレミアムシアター。北海道初の国産ビールづくりに邁進した先駆者の熱き想いを上映
3 サッポロギャラリー。明治期から現在までの歴代広告を展示した「アドコレクション」がある
4 テイスティングはスターホールで。ミュージアムショップもある

倉喜八郎率いる大倉組商会が札幌麦酒醸造所の払い下げを受けた。しかし翌年、大倉は渋沢栄一、浅野総一郎らに事業を譲渡。同20(1887)年、大倉も経営に参画し、「札幌麦酒会社」が新たに誕生した。

栄一は札幌麦酒の会長に就任し、ビール業界の発展に大きく貢献。同39(1906)年には、日本麦酒、大阪麦酒と合併し、大日本麦酒を発足した。栄一は同42(1909)年まで取締役を務めている。昭和24(1949)年、大日本麦酒は、日本麦酒(現・サッポロビール)と朝日麦酒(現・アサヒビール)に分割された。

サッポロビール博物館では、北海道開拓事業から受け継がれる歴史を紹介。創業当時の味を復元したビールを試飲できるプレミアムツアー(500円)が人気だ。

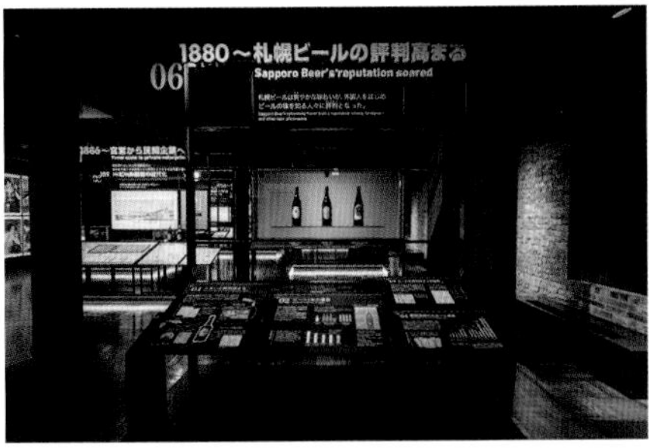

140年にわたるサッポロビールの歴史を12個のブースに分けて紹介

[DATA] ☎011-748-1876 住 北海道札幌市東区北7条東9-1-1 営 公式ホームページを要確認 休 月曜(祝日の場合は翌日) 料 無料 P あり 交 地下鉄「東区役所前」駅から徒歩10分 他 営業時間やプレミアムツアーの詳細などは公式ホームページを要確認 https://www.sapporobeer.jp/brewery/s_museum/

1 小樽GOLDSTONEとして平成22(2010)年に生まれ変わった。小樽市指定歴史的建造物 2 コンサートライブや上映会などに利用されるホール。ほか、海の幸を使ったフード、ビールや北海道産ワインなどを楽しめるカフェレストランもある 3 夜もノスタルジックな雰囲気が漂う

北海道 小樽市

旧渋澤倉庫

[渋沢栄一ゆかりの地]きゅうしぶさわそうこ

北運河に面して建つ石造りの倉庫

渋沢家の事業「澁澤倉庫」は、明治42(1909)年に株式組織となり、北海道の小樽や北九州の門司などに支店や出張所を開設し、全国展開を進めていった。小樽にある旧澁澤倉庫は、ニシン漁で財を成した実業家・遠藤又兵衛が建てた倉庫を澁澤倉庫が入手したという。大正4(1915)年に小樽に進出し、港に出入りする船の荷を預かる倉庫として使われていた。現在は、エンターテインメントホール「小樽GOLDSTONE」が入っている。食事や音楽などを楽しめるスポットして人気だ。

【DATA】
☎0134-33-5610 住 北海道小樽市色内3-3-21 営 9:00～21:00 休 不定休 P あり 交 JR「小樽」駅より徒歩20分

北海道 函館市

函館市電

[渋沢栄一ゆかりの地]はこだてしでん

栄一が株主として関わった会社が前身

栄一は函樽鉄道(後の北海道鉄道、現・北海道旅客鉄道)の創立発起人になるなど、北海道の鉄道整備にも関与している。歴史をひも解くと、函館市電にも栄一は関係していた。函館市電の始まりは、明治30(1897)年に開業した馬車鉄道。その翌年、函館鉄道と合併し、函館馬車鉄道となった。その際、栄一は株主として関わっている。同40(1907)年には函館水電の株主になり、同44(1911)年に函館馬車鉄道と函館水電が合併。昭和18(1943)年に函館市役所交通局(現・函館市企業局交通部)での運営が始まり、現在に至っている。

函館で馬車鉄道が電化したのが大正2(1913)年。それから100年以上、地元の人々だけでなく、観光客の足としても利用されている路面電車。2路線を運行

【DATA】
☎0138-52-1273
(函館市企業局交通部)

北海道 清水町

十勝開墾株式(合資)会社 農場畜舎

[渋沢栄一ゆかりの地]とかちかいこんかぶしき(ごうし)がいしゃ のうじょうちくしゃ

十勝開拓のために合資会社を創設

明治30(1897)年、栄一らが十勝川沿いの未開拓地の貸付予定存置を出願。十勝開墾合資会社(後の十勝開墾株式会社)を設立した。初代社長には渋沢喜作が就任。栄一は業務執行役員に選出された。この農場畜舎は、同社が札幌農学校(現・北海道大学)に依頼し、大正8(1919)年に建設したもの。当時は、第一・第二畜舎、飼料倉庫、サイロがあったという。現在は渋谷農場の牛舎として使われており、事前連絡で見学可能。清水町熊牛地域には、大勝《たいしょう》神社など十勝開墾合資会社ゆかりの地が点在する。

上:栄一らは熊牛地区や人舞地区などの原野を開墾し、農業や牧畜などに取り組んだ。現在、1階は畜舎、2階は飼料庫になっている
下:歴史を伝える説明板もある。同社は昭和9(1934)年に解散した

【DATA】
☎0156-62-5115(清水町教育委員会) 住 北海道上川郡清水町熊牛11 営 休 見学は要予約 料 無料 P あり 交 JR「十勝清水」駅から車で25分

北海道 清水町

青淵山寿光寺

［渋沢栄一ゆかりの地］せいえんざんじゅこうじ

寺の設立など地域発展の支援も

大正4(1915)年に十勝開墾合資会社が熊牛農場内に集会所兼説教所を建てたことが寺の始まりと伝わる。同7(1918)年、説教所を浄土真宗本願寺派として開基。その後、同15(1926)年に栄一の雅号「青淵」を山号とし、「青淵山寿光寺」と公称した。寺の設立にあたり、十勝開墾合資会社と栄一らが寄付。栄一直筆の扁額が掲げられている。

【DATA】 ☎0156-62-5115(清水町教育委員会) 住 北海道上川郡清水町熊牛64 営 休 料 拝観自由 P あり 交 JR「十勝清水」駅から車で25分

上:昭和4(1929)年、寺院が落成した
下:境内の説明板。十勝開墾合資会社と栄一は町の発展に寄与した

北海道 清水町

清水町郷土史料館

［渋沢栄一ゆかりの地］しみずちょうきょうどしりょうかん

郷土資料に触れ、開拓精神を学ぶ

清水町の歴史をパネルや史料、復元展示などで解説。同町の発展に貢献した先人の業績を紹介し、その開拓精神なども学ぶことができる。収蔵庫では資料の閲覧も可能。1階には一般書約9万6000冊、児童書約3万9000冊を所蔵する図書館があり、町の資料や栄一関連の書籍にも触れられる。史料館の見学は、図書館カウンターで受け付けている。

【DATA】 ☎0156-62-3030 住 北海道上川郡清水町南4条1-2 営 10:00～18:00 休 火曜、祝日、月末図書整理日 料 無料 P あり 交 JR「十勝清水」駅から徒歩6分

上:1階が図書館、2階が郷土史料館になっている社会教育施設
下:開拓時代の暮らしぶりがわかる生活道具などの展示も

1 130余年の歴史が受け継がれた、京都を代表する老舗ホテル
2 鴨川と東山三十六峰を望むロケーション
3 **4** クラシックな佇まい。上質なおもてなしが評判
5 ホテル前に立つ桂小五郎の像

京都府 京都市

京都ホテルオークラ

［渋沢栄一ゆかりの地］きょうとほてるおーくら

栄一が開業支援した京都で最初期の西洋式ホテル

明治21（1888）年、実業家・前田又吉がルーツとなる「常盤別荘」を創業。同23（1890）年、長州藩京屋敷跡に洋館3階建ての本格的な西洋式ホテル「京都ホテル」を開業し、その頃に、栄一から扶助を受けたという記録が残っている。また、当時建築を請け負っていた日本土木会社は、栄一ら財界人によって設立された土木建築会社である（現・大成建設）。開業以来、国内外の多くの賓客を迎えてきた京都ホテルは、平成13（2001）年にホテルオークラと業務提携し、翌年「京都ホテルオークラ」と改称した。

【DATA】
☎075-211-5111（代表）**住** 京都府京都市中京区河原町御池 **P** あり **交** 地下鉄「京都市役所前」駅直結

Column

開館から
100年
栄一が建設に
関与した

大阪市中央公会堂

大阪紡績（現・東洋紡）や京阪電車の設立など、栄一は大阪とのゆかりも深かった。観光地としても人気が高い大阪市中央公会堂もそのひとつだ

大阪市の中央に建つ、赤レンガ造りの公会堂

大阪市中之島のシンボルである大阪市中央公会堂は、大正2（1913）年に着工、同7（1918）年に竣工。大阪の株式仲買商・岩本栄之助の寄付をもとに建てられた。岩本は栄一が団長を務める渡米実業団のメンバーであり、大阪市への寄付などを栄一に相談。栄一は公会堂建設のための財団設立を助言し、自ら顧問に就任。建設を支援した。

地上3階、地下1階建て。平成11（1999）年に保存・再生工事に着工。平成14（2002）年に完成した。国の重要文化財

夜はライトアップされる（時間は季節により異なる）

創建当時の意匠を見学できるツアー有（有料・要予約）。館内レストランもある

コンサートや講演会などが行われる大集会室

【DATA】☎06-6208-2002 住 大阪府大阪市北区中之島1-1-27 営 9:30〜21:30（電話受付時間は9:30〜20:00）休 第4火曜（祝日の場合は直後の平日）料 無料 P あり 交 大阪メトロ「淀屋橋」駅から徒歩5分

【第四章】

教育・福祉・外交にも奔走

◉ 公益的な事業への貢献

講演する渋沢栄一。昭和2（1927）年（渋沢史料館所蔵）

経済面でも軍事面でもアジア屈指の強国となった日本だが、
欧米との摩擦、関東大震災など次々と問題に直面する。
栄一は80歳を過ぎるまで国内外を奔走して解決に尽力した

明治34(1901)年12月、飛鳥山(現・東京都北区)に本邸を移した。写真は多くの賓客を迎えた晩香盧
(渋沢史料館所蔵)

栄一が推し進めた日本経済の近代化。日本は欧米と肩を並べるほどの大国に成長

還暦を迎えて経済界の重鎮に。社会福祉事業にも携わる

33歳で大蔵省を辞めてから30年近くが過ぎ、栄一が還暦を迎えた頃、日本は、欧米の経済力には及ばないものの、アジア屈指の強国となっていた。この当時、栄一は国内経済界の重鎮として重きを置かれ、東京商工会議所会頭を務めている。

60歳を過ぎても事業意欲は衰えず、東京瓦斯や札幌麦酒、東京電力などの設立に関わり、出資をしたり役員を務めたりしている。

腰に大小の刃を挟んだ武士が闊歩していた江戸は、この30年ほどの間に、近代都市・東京へと姿を変えつつあった。大規模な内乱を起こさずに政治体制を刷新し、欧米と肩を並べるほどの大国に短期間で成長した日本。資本と金融の近代化を推し進めた渋沢栄一は、経済面での立役者であったといえるだろう。

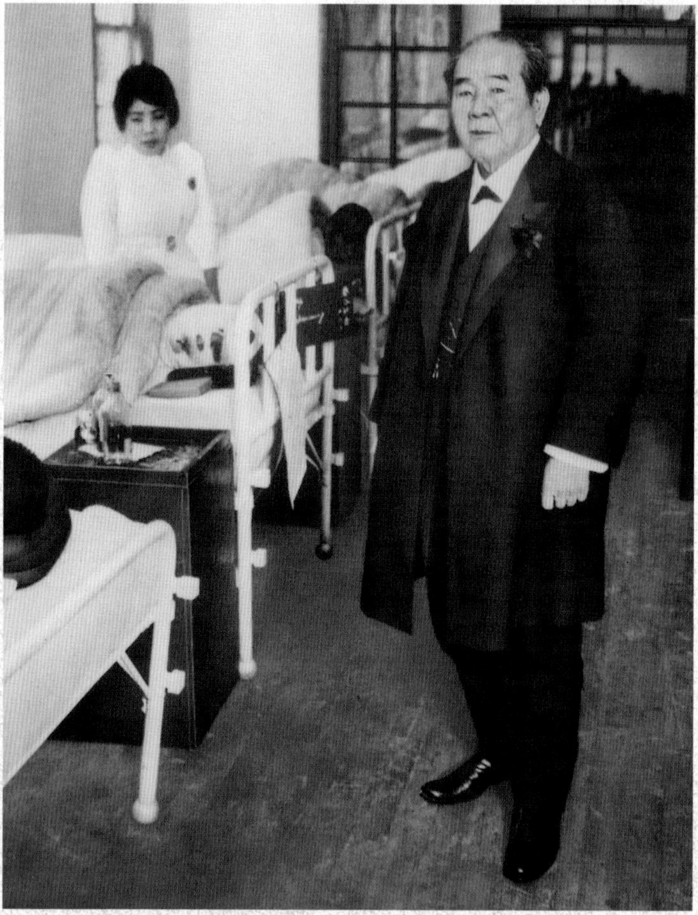

大正13(1924)年、東京養老院の板橋本院を訪れた時の様子（渋沢史料館所蔵）

明治35(1902)年、62歳の時に栄一は、欧米諸国への視察に旅立った。同年、日本は英国と同盟(日英同盟)を締結。日英が協力してロシアの脅威に立ち向かった。欧米先進国の仲間入りをしたといってもいい出来事であった。

久々の欧米への視察旅行は、栄一にとって有益なものだったようだ。経済成長が著しい英米の企業の経営ノウハウ、銀行システム、科学技術力など、学ばなければならないものがたくさんあった。日本の産業はまだまだ改善の余地があると思い知らされるのだった。

この視察旅行で得たものは、もうひとつあった。欧米の有力企業の多くが、慈善活動に取り組んでいたことである。

会社の設立・運営に取り組む傍ら、社会福祉事業や教育事業にも豊富な人脈を駆使して活動した

大正14（1925）年築の書庫「青淵文庫」

東京養育院が前身の東京都健康長寿医療センター

渋沢史料館では社会福祉事業に関する資料も数多く展示している

もともと栄一は、企業は利益のみを追い求めるのではなく、利他のために尽くさねばならないと考えていた。晩年には『論語と算盤《そろばん》』とよく口にし、商売には倫理・道徳が必要だと説き、自伝のタイトルにも用いている。それだけに、欧米のフィランソロピー（民間が行うボランティア活動）という考え方に刺激を受けたのだろう。

明治7（1874）年、栄一は大久保一翁東京市長から要請され、戊辰戦争などで増えた浮浪児、孤児、生活困窮者などを保護する「東京養育院」の運営に携わるようになった。もともと社会福祉事業に関心があったのだろう。栄一は情に厚い人でもあった。

約600の社会公共事業や民間外交にも尽力。教育に熱心で、多くの学校運営を支援した

明治10(1877)年に設立した博愛社。明治20(1887)年に日本赤十字社と改称した

40歳の時には博愛社(のちの日本赤十字社)、73歳の時には日本結核予防協会、77歳の時には理化学研究所の運営に携わるなど、事業活動の一方で、医療や福祉、慈善活動などのために力を尽くした。漢語を学ぶ二松学舎、ビジネスを学ぶ商法講習所(のちの一橋大学)、女子教育の日本女子大学校などの設立にも積極的に関わっている。

欧米との文化交流で戦争回避を図ったが…

明治37(1904)年、満州と朝鮮の権益をめぐり、日露戦争が始まった。渋沢栄一が64歳の頃である。

明治新政府の役人だった頃から他国との争いに反対し続けた栄一だが、経済界の協力を得たい軍は栄一を説得し続け、結局、このときばかりは賛成に回った。栄一は1870年代から朝鮮半島で各種事業に携わっているが、満州にはさほど関与していない。

栄一が事業の第一線から身を引いたのは、同42(1909)年、69歳の時。この年に多くの企業・団体の役員を辞任し

渋沢栄一は東京大学文学部講師(1877～86年)として日本財政論を講義。写真・図版は東京大学(1900年代初期)

アメリカから贈られた「青い目の人形」を両手に抱く栄一（渋沢史料館所蔵）

たが、第一銀行頭取の職にはとどまっていた。明治新政府の官僚時代から携わっていた国内初の民間銀行であっただけに、愛着があったのだろう。

この年、渡米実業団の団長として再び米国へ赴く。視察の後は米国の経済力に圧倒され、これからは英国ではなく、米国の時代になると直感したという。

第一銀行を含むすべて職の辞し、経済界から完全に引退したのは大正5(1916)年、76歳の時だった。その3年前、かつての主君・徳川慶喜が逝去している。

東京商科大学（一橋大学の前身である旧制官立大学）

大正4（1915）年、第一次大戦で欧州に向かう日本赤十字社の医師・看護団

1900年のアメリカ。写真：East 26th Street（マンハッタン）

世界が混迷する時代を迎えるなか欧米に赴くなど国際交流に努めた

実業界の中で最も社会活動に熱心に携わり協力した

一橋家への仕官後、お目見え以下だった栄一を慶喜が大抜擢して、弟・昭武の仏国留学の供をさせた。それが栄一の人生を大きく変えただけに、慶喜に対する恩義は言葉に尽くせぬものがあったのだろう。栄一は終生、慶喜を敬愛し、落語家を連れて慶喜を楽しませるなど心を尽くしていたという。

伊藤博文が去り、井上馨が去り、徳川慶喜が去った。江戸は遠くなり、明治の世は大正の世へと代わった。日露戦争で勝利した日本は、満蒙進出で中国や欧米との摩擦を深め、覇権を競う世界の混迷はさらに深刻になっていった。

大正3（1914）年から同7（1918）年までの第一次世界大戦に前後して、中華民国の誕生、ドイツの敗戦、ロシア革命などが起きた。まさに激動の時代である。栄一はその間、相互理解のために訪中、訪米をし、日米協会の設立などを通して経済・国際交流に努めた。

日本国内では1890年代に移民が急増している。とくに米国への移民が多く、

飛鳥山を訪れた救世軍大将ブラムウェル・ブースと栄一（渋沢史料館所蔵）

徐々に米国民との軋轢が目立つようになった。それとともに米国内では排日気運が高まった。

同10(1921)年、81歳になった栄一は、排日問題の改善を目指して再度、アメリカに渡った。排日感情は誤解に基づくものと考えた栄一は、米国各地で講演するなどして日本文化の紹介に努めた。しかし、その成果は実らず、同13(1924)年、米国で排日移民法が成立。その後、日米両国の国民感情が悪化し、太平洋戦争の遠因となっていく。

渋沢史料館に展示されている渡米実業団記念銀器

日本の子供たちに贈られた米国の人形

関東大震災の後、大震災善後会を結成。栄一は寄付金集めなどに奔走した

大正12(1923)年9月1日、関東大震災が起こった。東京府(当時)内の各地は瓦礫と化し、火災による死者も多数にのぼった。この時、渋沢栄一は83歳。高齢にもかかわらず、自ら指揮を執って故郷の血洗島から米を取り寄せて炊き出しをするなど被災者支援に力を注いだという。政治には携わらないことを信条にしていた栄一だが、この時ばかりは東京府の参与として、再建案の策定に関わっている。

栄一の葬列を見送る多くの人々
(渋沢史料館所蔵)

3年後、時代は昭和へと変わったが、金融恐慌や世界大恐慌など激動の波はさらに激しくなっていく。そうした閉塞状況を打開するために、日本は張作霖爆殺事件や満州事変など、対外戦争へと踏み出した。一方、晩年の栄一は、国内外の動きに目を配りながらも、世界各地の自然災害に対する義援金の募集などフィランソロピー活動を中心に精を出していた。

関東大震災以降の栄一の仕事は、日本放送協会顧問など名誉職が中心になっていた。そして、昭和6(1931)年4月、日本女子大学校の第3代校長に就任する。

直面する数々の課題を解決するヒントが、渋沢栄一の生き様や哲学に隠されている

ところが、その年の夏頃から体調を崩し、飛鳥山の自宅で静養。10月には病状が悪化し、手術をしたものの回復せず、11月11日に帰らぬ人となった。自宅で、家族に看取られての最後であったという。

13歳で黒船の到来を知り、攘夷に燃え、一橋家で慶喜の庇護を受け、幕府に出仕、仏国への遊学、明治新政府での任官、経済界での活躍。栄一は常に、押し寄せるうねりの波頭に立っていたといえるだろう。享年91。堂々の人生であった。

旧渋沢邸跡地に建つ渋沢史料館には貴重な資料が数多く展示されている

◉ 渋沢栄一とその周囲の人々

ゆかりの地 歴史紀行

東京都 北区

飛鳥山公園

［渋沢栄一ゆかりの地］
あすかやまこうえん

栄一が30年過ごした本邸跡 史料館や歴史的建物もここに

桜の名所として有名な飛鳥山は、徳川吉宗が享保の改革の一環で、行楽地として整備したのが始まりだという。1270本の桜を植え、江戸庶民に開放した。そして、明治6（1873）年、上野、芝、浅草、深川とともに日本最初の公園に指定された。

栄一が飛鳥山に邸宅を構えたのが同12（1879）年。その頃は別荘として利用していた。同34（1901）年に本邸とし、亡くなる昭和6（1931）年までの30年間をこ

ソメイヨシノを中心に約600本の桜が彩る。見頃は例年3月下旬～4月上旬

王子駅と飛鳥山山頂を2分で結ぶモノレール。運転時間10:00～16:00、乗車無料

の地で過ごした。栄一は海外の賓客を多く招き、飛鳥山は民間外交の場でもあった。往時の敷地は約8470坪。日本館や西洋館をはじめ、茶室などさまざまな建物が設けられていた。しかし、そのほとんどは同20(1945)年の空襲で焼失。現存する晩香廬や青淵文庫が一般公開されている。

平成10(1998)年には、渋沢史料館、北区飛鳥山博物館、紙の博物館が並ぶ博物館ゾーンが誕生。同21(2009)年には自走式モノレール「あすかパークレー

フロックコート姿の渋沢栄一像

ル」が運転を開始した。渋沢邸があった地は、地域住民だけでなく、多くの人々の憩いの場としてにぎわっている。

北区飛鳥山博物館内に大河ドラマ館が設けられる

約1万5000株のツツジ、約1300株のアジサイも植えられ、花の名所としても人気

【DATA】［北区飛鳥山博物館］ ☎03-3916-1133 住 東京都北区王子1-1-3 営 10:00～17:00(最終入館16:30) 休 月曜(祝日の場合は開館)、祝日直後の平日、ほか臨時休館あり 料 一般300円 P なし 交 JR「王子」駅からすぐ
［渋沢×北区 青天を衝け 大河ドラマ館］ 営 9:00～17:00(最終入館16:30)※季節により異なる 休 月曜(祝日・休日の場合は開館し、直後の平日に振替休館) 料 一般800円 ※2021年2/20～12/26(予定)

東京都北区

渋沢史料館

［渋沢栄一ゆかりの地］
しぶさわしりょうかん

飛鳥山公園内にある。晩香廬、青淵文庫の見学受付も同館で行っている

栄一の生涯と事績を紹介 時系列で紹介する新展示も

昭和57(1982)年、旧渋沢邸跡地に開館。渋沢栄一の思想と行動を顕彰する財団法人「渋沢青淵記念財団竜門社(現・公益財団法人渋沢栄一記念財団)」の付属施設として設立された。貴重な資料とともに、栄一の活動・事績を紹介している。

同館は令和2(2020)年11月にリニューアルオープン。展示は、「栄一の思いにふれる」「91年の人生をたどる」「幅広い活動を知る」の3テーマからひも

常設展示「渋沢栄一をたどる」。貴重な資料がずらりと並ぶ

1階ロビーにある渋沢栄一の像

栄一の思想や人間性、影響を与えた人物なども紹介し、多角的に解説している

解いた内容となっており、なかでも新展示「渋沢栄一をたどる」がみどころ。幕末に生まれ、明治、大正、昭和を生きた栄一の生涯を、年齢ごとに解説しており、その年に取り組んだ事業や活動を写真や書物、映像などを通して知ることができる。また、国民外交や福祉、教育、文化事業など、事業家以外の活動を紹介する「渋沢を知る」など見ごたえ十分の内容になっている。

そのほか、渋沢栄一記念財団相談役・渋沢雅英氏による解説の上映、飛鳥山邸の変遷図を楽しみながら景色を眺められるリフレッシュコーナー、飛鳥山邸をデジタル画像で体験できるコーナーなども。展示図録や関連書籍、オリジナルグッズを揃えるショップもある。当面は完全予約制（1日2回入れ替え制）。

年齢ごとの展示で、その時々の活動をわかりやすく紹介

晩年の映像など、新たな資料も公開されている

【DATA】☎03-3910-0005 住 東京都北区西ヶ原2-16-1 営 休 渋沢史料館ウェブサイトを要確認 料 一般300円 P なし 交 JR「王子」駅から徒歩5分 他 予約はホームページから申し込みを

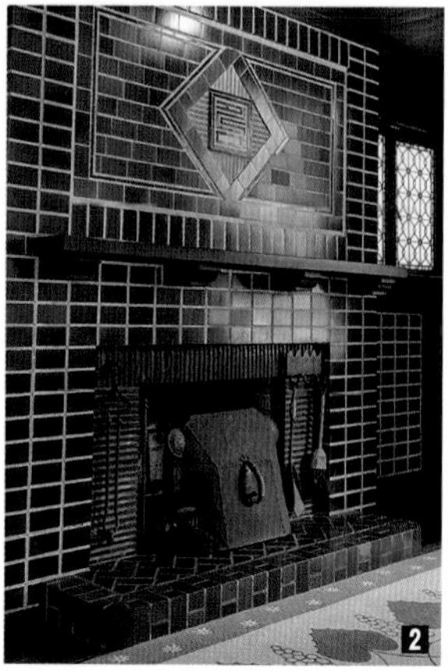

1「晩香廬」は栄一自作の漢詩「菊花晩節香」から命名（渋沢史料館所蔵）
2 暖炉上にはレンガ風のタイルで「壽」の文字が施されている
3 4 談話室には創建当時の大テーブルがある。照明の鶴のデザインや天井の石膏細工など、細部の意匠にも注目したい
5 栄一の長女・穂積歌子撰文の扁額

東京都 **北 区**

晩香廬

［渋沢栄一ゆかりの地］ばんこうろ

喜寿の祝いに贈られた洋風茶室

大正6（1917）年、栄一の喜寿（77歳）を祝して、清水組（現・清水建設）から贈られた茶室。栄一は明治20（1887）年から大正5（1916）年まで清水組の相談役を務めていたこともあり、清水組は誠之堂（P80）や清風亭（P81）なども施工している。晩香廬は、渋沢邸を訪れた賓客をもてなすためのレセプション・ルームとして利用された。建物は木造瓦葺き平屋建てで、頑丈な栗材が用いられている。内部には暖炉を配すなど、和洋折衷の造り。建築家・田辺淳吉が設計した。青淵文庫とともに国指定重要文化財。

【DATA】

☎ 03-3910-0005（渋沢史料館）住 東京都北区西ヶ原2-16-1 営 休 渋沢史料館ウェブサイトを要確認（完全予約制）料 一般300円 P なし 交 JR「王子」駅から徒歩5分 他 予約はホームページから申し込みを

1 賓客を迎える場にも使われた
2 栄一の書が飾られた閲覧室。透かしの唐草模様を施したシャンデリアにも注目
3 渋沢家の家紋にちなみ、柏の葉をデザインしたステンドグラス
4 展示スペースでは講演会や演説などで語られた栄一の言葉も紹介
5 2階に続く階段室（2階の見学は休止中）

東京都**北区**

青淵文庫

［渋沢栄一ゆかりの地］せいえんぶんこ

ステンドグラスが映える大正期の建物

大正14（1925）年、栄一の傘寿（80歳）と子爵昇格を祝して、竜門社が贈呈。書庫として建設されたこともあり、鉄筋コンクリートおよびレンガ造りという堅牢な建物になっている。令和2（2020）年11月のリニューアルオープンによって、栄一の思想や名言などを紹介する新たな展示スペースも設けられた。こちらでも、栄一の人間性に触れることができる。閲覧室は、渋沢家の家紋「丸に違い柏」をモチーフにしたステンドグラスやタイルで彩られ、モダンな雰囲気。

【DATA】
☎ 03-3910-0005（渋沢史料館）
住 東京都北区西ヶ原2-16-1 営 休 渋沢史料館ウェブサイトを要確認（完全予約制）料 一般300円 P なし 交 JR「王子」駅から徒歩5分 他 予約はホームページから申し込みを

東京都北区

紙の博物館

［渋沢栄一ゆかりの地］
かみのはくぶつかん

飛鳥山公園内の博物館ゾーンに建つ

常設展展示室「紙と産業」。近代製紙産業の歴史や紙の原料、製造工程、種類・用途など、洋紙についてわかりやすく解説

栄一が設立した製紙会社「抄紙会社」の足跡を知る

明治維新後、あらゆる事業の隆盛には書籍や新聞など印刷物の普及が必要と考えた栄一は、安価で大量生産が可能な洋紙製造に着目。明治6(1873)年に抄紙会社(後の王子製紙、現・王子ホールディングス株式会社・日本製紙株式会社の前身)を創立し、同8(1875)年に東京・王子に工場を竣工した。工場の敷地選定には栄一も関わり、工場用水や物資の輸送の面などから王子に決めたという。

紙の博物館の前身となる「製紙記念館」は、昭和25(1950)年に王子工場の電気室を利用して設立され、王子製紙紙業史料室の資料を引き継ぎ、一般公開した。その後、「紙の博物館」と名称を変更。平成10(1998)年には飛鳥山公園内に移転し、リニューアルオープンした。

紙の博物館は、世界でも数少ない紙専門の総合博物館である。常設展は、和紙・洋紙両面から紙を学べる。「紙と

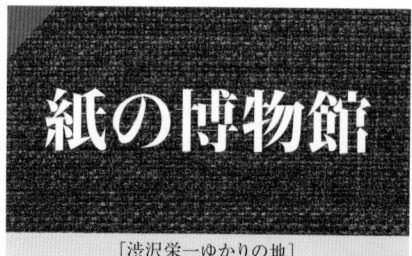

1 常設展展示室「和紙と文化」。日本文化とつながりの深い和紙について紹介している
2 紙に触れたり、クイズに挑戦できたり、楽しく学べる「紙の教室」
3 近代製紙産業に関する記念碑を展示するコーナーもある

産業」では、日本の近代製紙産業の歴史も紹介。明治初期の紙の主な原料だったボロ(破布)からパルプを作るための「ボロ蒸煮釜」など、貴重な機械も展示している。そのほか、和紙に関するさまざまな資料やコレクションなども見ることができる。

【DATA】 ☎ 03-3916-2320 住 東京都北区王子1-1-3 営 当面は10:00～16:00(最終入館15:30) 休 月曜日(祝日の場合は開館)、祝日直後の平日、ほか臨時休館あり 料 一般400円 P なし 交 JR「王子」駅から徒歩5分

JR王子駅前に建つ洋紙発祥の地碑

昭和28(1953)年、抄紙会社の創設80周年を記念して工場跡地に建てられた。栄一は王子に工場を竣工した後、飛鳥山に土地を購入した

1 社殿。西ヶ原の人々は七社神社で栄一の病気平癒の祈願をした
2 栄一揮毫の社号額
3 社務所は昭和42(1967)年に建て替えられた

東京都北区

七社神社

［渋沢栄一ゆかりの地］ななしゃじんじゃ

栄一に関するお守りや絵馬などもある

飛鳥山公園の近くにあり、西ヶ原の鎮守。栄一は飛鳥山に邸宅を構えたことをきっかけに、氏子になった。栄一は西ヶ原の諸団体や人々との交流を深めながら、町の事業協力にも参加。大正9(1920)年には、栄一をはじめとする西ヶ原の人々の寄付により、社務所が建てられた。栄一揮毫の社額など、貴重な品が納められている。現在は、仕事守や成功・発展守など栄一関係のお守りや絵馬もあり、栄一ゆかりの神社として、社運隆昌や商売繁盛などの祈願に多くの人が訪れる。

4 仕事守700円。「七社神社」の文字は栄一揮毫社額の書
5 栄一のシルエットをあしらった成功・発展絵馬700円。同デザインのお守りもある

【DATA】
☎ 03-3910-1641 住 東京都北区西ヶ原2-11-1 営 9:00～17:00 休 料 なし P あり 交 地下鉄「西ヶ原」駅から徒歩2分、都電荒川線「飛鳥山」駅から徒歩5分

1 醸造に関する唯一の国立研究機関として、日本の酒造りの発展に貢献。醸造試験所跡地公園に隣接している
2 3 今も残る赤レンガの壁が往時の雰囲気を伝える

東京都 **北 区**

旧醸造試験所第一工場

［渋沢栄一ゆかりの地］きゅうじょうぞうしけんじょだいいちこうじょう

日本煉瓦製造会社のレンガで造られた工場

明治37（1904）年、大蔵省醸造試験所の清酒醸造工場として設立。醸造方法の研究や清酒の品質改良などが行われていた。第一工場は「赤煉瓦酒造工場」とも呼ばれており、建物には日本煉瓦製造会社のレンガが使われていた。設計は明治時代の名建築家・妻木《つまき》頼黄《よりなか》で、ドイツのビール工場を参考にしたという。平成26（2014）年に国の重要文化財に指定された。現在は講演会やイベントなどに活用されているが、内部は通常非公開。施設の観覧や利用は、団体のみ受け付けている。

【DATA】
☎ 03-3908-9275（北区道路公園課）住 東京都北区滝野川2-6-30 営 休 料 見学自由（外観のみ）P なし 交 都電荒川線「飛鳥山」駅から徒歩6分

1 音無橋はアーチ型鉄筋コンクリート。音無親水公園から橋の全景を望める。橋街灯にも昭和の雰囲気が感じられる
2 音無親水公園の舟串橋（復元）
3 水が流れる期間には滝も流れる
4 公園では桜や紅葉も楽しめる
5 公園は昭和63（1988）年に水遊びができる公園として整備された。水が流れる期間は要問い合わせ

東京都 **北 区**

音無橋（音無親水公園）

［渋沢栄一ゆかりの地］おとなしばし

栄一が建築・開通を支援した橋

昭和4（1929）年、石神井川に架かる橋として誕生。石神井川は北区付近では「音無川」と呼ばれており、栄一は音無橋の建築や、開通式協賛会の支援をしたといわれている。この橋が開通したことで旧王子町と旧滝野川町がつながれ、移動が便利になった。現在は石神井川の流路が変更され、橋の下は音無親水公園が整備されている。音無親水公園は旧流路を生かしたせせらぎなどがあり、ファミリーなどでにぎわう水遊びスポット。日本の都市公園100選にも選ばれている。

【DATA】
☎03-3908-9275（北区道路公園課）住 東京都北区王子本町1丁目
営 休 料 散策自由（音無親水公園の親水施設区域は9：00～16：00）
P なし 交 JR・地下鉄「王子」駅から徒歩1分、都電荒川線「王子」駅から徒歩2分

1 洋館と洋風庭園は鹿鳴館などを手掛けたジョサイア・コンドルの設計。1階が洋間、2階が和室

2 春と秋に色とりどりのバラが彩る洋風庭園

3 4 日本庭園は7代目小川治兵衛が手掛けた。滝や池を配した池泉回遊式。大正8(1919)年に完成

5 庭園内にある茶室。春・秋限定で抹茶を味わうことができる

東京都 北 区

旧古河庭園

[関連施設]きゅうふるかわていえん

北区ゆかりの実業家·古河家の庭園も必見

栄一の盟友として互いに助け合った古河市兵衛。その息子で古河財閥の3代目・古河虎之助が構えた邸宅が旧渋沢庭園(飛鳥山公園)の近くにある。虎之助が古河邸とした大正6(1917)年頃は、飛鳥山に栄一が、田端に芥川龍之介が暮らしていたことなどもあり、このエリアは文士村と呼ばれていた。この頃に竣工した石造りの洋館が現存し、洋風庭園と日本庭園が広がる。洋風庭園には約100種200株のバラが植えられ、春と秋が見頃。平成18(2006)年、国の名勝に指定された。

【DATA】

☎ 03-3910-0394(旧古河庭園サービスセンター) 住 東京都北区西ヶ原1-27-39 営 9:00~17:00(最終入園16:30) 休 なし 料 一般150円(洋館見学は別途) P なし 交 地下鉄「西ヶ原」駅から徒歩7分

1 現在の施設は平成25(2013)年に建てられたもの
2 銅像の除幕式には栄一本人も出席した
3 4 養育院・渋沢記念コーナーでは資料や直筆の書などを展示。施設の沿革を紹介するリーフレットを無料配布している

東京都 板橋区

東京都健康長寿医療センター

［渋沢栄一ゆかりの地］とうきょうとけんこうちょうじゅいりょうせんたー

約50年間院長を務めた養育院が前身

栄一は明治7(1874)年から養育院の運営に関与。事務長を経て、同12(1879)年に養育院長に就任した。以後、亡くなるまでの約50年の間、院長を務めた。現在は、東京都健康長寿医療センターとして、高齢者の健康増進と疾病治療・予防を推進している。2階の養育院・渋沢記念コーナーでは、養育院創設から現在に至るまでの歴史を紹介。栄一が、養育院設立時の東京府知事・大久保一翁に宛てた手紙などを展示している。敷地内には、大正14(1925)年に建設された渋沢栄一像もある。

【DATA】 ☎03-3964-1141 住 東京都板橋区栄町35-2 営 養育院・渋沢記念コーナーは平日9:00〜17:00 休 土・日曜・祝日 P あり 交 東武鉄道「大山」駅から徒歩4分 ※新型コロナウィルス感染症予防に伴う入館制限を行う場合あり

東京都 武蔵野市・三鷹市

井の頭恩賜公園

[渋沢栄一ゆかりの地]いのかしらおんしこうえん

栄一が校長を務めた井之頭学校があった場所

井の頭公園の一角にある井の頭自然文化園の場所に、かつて更生保護施設「東京市養育院感化部井之頭学校」があった。栄一が井の頭御殿山御料地の一角を皇室から借りて、明治38(1905)年に新設。校長を務めていた。井の頭恩賜公園は、大正6(1917)年に日本初の郊外公園として開園。公園利用者の増加とともに共存が難しくなり、井之頭学校は昭和14(1939)年に萩山(現・東村山市)に移転した。学校跡地は公園として整備され、現在は動物園などが併設されている。

1 約1万6000本の樹木が植えられ、井の頭池が広がる公園。東京のオアシスとして親しまれている。面積は約42万㎡ ©(公財)東京観光財団

2 井の頭自然文化園は昭和17(1942)年に開園。リスの小径などがある(9:30〜17:00、最終入園16:00、月曜休、一般400円)

【DATA】

☎0422-47-6900(井の頭恩賜公園案内所) 住 東京都武蔵野市御殿山一丁目ほか 営 休 料 入園自由(施設により異なる、一部有料施設あり) P あり 交 京王電鉄「井の頭公園」駅から徒歩1分

1 上野の杜の景観を楽しめるレストラン。テラス席もある
2 ハヤシライスやビーフシチューなど、上野精養軒の伝統の味を今に伝えるメニューが人気。昔ながらのビーフシチュー2480円
3 オムライスハヤシソース1780円。サラダ付き
4 メインダイニングとカフェレストランがある。写真はカフェレストラン「カフェラン ランドーレ」
5 関東大震災で築地本店が焼失したため、同店が本店に。都内に10店舗ほど構える

東京都 台東区

上野精養軒

［渋沢栄一ゆかりの地］うえのせいようけん

栄一がたびたび利用した西洋料理店

フランス料理を日本に広めたレストランとして知られる。明治5(1872)年、三条実美、岩倉具視の支援を受け、東京・築地に創業。その後、上野公園の開設に伴い、公園内の食事処かつ社交の場として、同9(1876)年に同店が誕生した。明治・大正期には政財界の人々が集い、会談の舞台にもなった。栄一も会食に訪れた記録が残っている。食事はもちろん、会議や披露宴などさまざまなシーンで利用され、現在も多くの人々でにぎわう。

【DATA】
☎03-3821-2181 住東京都台東区上野公園4-58 営11:00～17:00(LO16:00) 休月曜 Pあり 交JR「上野」駅から徒歩5分

東京都渋谷区

日仏会館

［渋沢栄一ゆかりの地］にちふつかいかん

栄一が設立に関わった海外交流機関

渡仏経験のあった渋沢栄一は、日仏交流においても重要な役割を果たした。大正13(1924)年、栄一は当時の駐日フランス大使ポール・クローデルと日仏会館を設立。以来、日仏学術文化交流の中心機関として、相互の文化研究、フランス語ならびにフランス科学の普及を図ることを目的とした活動が行われている。

【DATA】 ☎03-5424-1141 住 東京都渋谷区恵比寿3-9-25 営 図書室は13:00～18:00 休 7/14、12/25、夏季・冬季閉館、図書室は日・月曜・祝日閉室 料 P なし 交 JR「恵比寿」駅から徒歩10分

写真提供：公益財団法人日仏会館

©日仏会館図書室

図書室にはフランス語の図書4万5000冊をはじめ、日仏関係書籍を多数所蔵。ギャラリーやホールなどもある

東京都台東区

谷中霊園

［渋沢栄一ゆかりの地］やなかれいえん

偉大な功績を残した渋沢栄一が眠る

昭和6(1931)年に死去した栄一は、谷中霊園の乙11号1側にある渋沢家墓所に眠っている。栄一の左右には、先妻の千代と後妻の兼子の墓がある。谷中霊園は明治7(1874)年の開設。寛永寺や天王寺の墓地が入り組んでいる霊園で、寛永寺墓地には栄一が仕えた徳川慶喜の墓所がある。

【DATA】 ☎03-3821-4456(谷中霊園管理所) 住 東京都台東区谷中7-5-24 営 休 料 入園自由 P なし 交 JR「日暮里」駅から徒歩６分

栄一の墓。谷中霊園は約10ヘクタールの広大な敷地を誇り、約7000基の墓が並ぶ。多くの著名人が眠る

まだある渋沢栄一ゆかりの地

福島県 白河市

南湖神社《なんこじんじゃ》

渋沢栄一は全国各地の神社建立などにも携わった。松平定信を祀る南湖神社は、大正11(1922)年に栄一の援助のもと建てられた。境内にある宝物館には、栄一が画家の橋本永邦や下村観山に依頼した桜や楓の絵が収められている。神社の鳥居の額、社号跡には栄一の筆跡が使われている。

【DATA】 ☎0248-23-3015 住 福島県白河市菅生舘2 営休料 見学自由(宝物館は9:00～16:00、一般350円) P あり 交 JR「白河」駅から車で5分

松平定信が築造した南湖公園内にある

佐久市と群馬県下仁田町を結ぶ国道254号沿いにある

長野県 佐久市

内山峡《うちやまきょう》

奇岩怪岩がそびえる景勝地。青年時代に家業の藍玉を売るために信州を訪れた栄一は、尾高惇忠と『巡信紀詩《じゅんしんきし》』を合作した。昭和15(1940)年、『巡信紀詩』の栄一の長詩「内山峡」に感動した地元有志らによって内山肬水《いぼみず》地区に詩碑が建てられた。現在は阿夫利《あふり》神社の横にある。

【DATA】 ☎0267-62-3285(佐久市観光課) 住 長野県佐久市内山 営休料 見学自由 P なし 交 JR「中込」駅から車で10分

東京都 大田区

田園調布《でんえんちょうふ》

栄一は理想的な住宅地開発を目指して、大正7(1918)年、東急グループの源流である田園都市株式会社を設立。田畑の広がる農村地帯を対象として生活インフラのほか、娯楽・文化施設などあらゆる設備・施設の整備を計画。自然と都市が調和した街づくりに取り組んだ。

田園調布駅の旧駅舎。平成12(2000)年に復元された

「鉄の街」といわれる北九州。高塔山公園からの眺め

福岡県 北九州市

北九州《きたきゅうしゅう》

実業家・安川敬一郎と親交があったこともあり、栄一は北九州のさまざまな企業とも関わった。企業の大株主となり、門司港や若松港などの湾港整備、鉄道の敷設のために多額の出資をした。インフラ整備の協力が、工業都市・北九州の発展につながっている。

渋沢栄一の故郷・埼玉県深谷市の

おみやげ&カフェスポット

深谷市には渋沢栄一に関連するおみやげが多数。
ゆかりの地めぐりとともに楽しもう

地酒各種

Ⓐ(1本720㎖) **1,518**円
Ⓑ(1本720㎖) **1,727**円

深谷市の老舗酒造が手掛けたもの。左が丸山酒造の「青淵 渋沢栄一翁 純米吟醸酒」、右が藤橋藤三郎商店「栄一翁 純米大吟醸」

ステンレスタンブラー
(1個) **1,540**円

渋沢栄一の肖像画をあしらった、真空二重構造のステンレスタンブラー。カラーはシャンパンゴールドとネイビーの2種

渋沢栄一先生の社会の時間
プリントクッキー (12個入り) **540**円

「渋沢栄一」「そろばんと論語」「徳不孤必有隣」「新一万円札」「深谷ねぎ」の5種類がプリントされたクッキー

クリアファイル (1枚) **198**円

クリアファイルは数種類。そのほか、便箋セットやマスキングテープなどかわいい文具も取り揃えている

道の駅おかべ

みちのえきおかべ

物産所には渋沢栄一関連のみやげコーナーがあり、種類豊富な品揃え。煮ぼうとうを味わえる食事処や、地元の新鮮野菜がずらりと並ぶ直売所、中宿歴史公園などもある。

【DATA】 ☎ 048-585-5001 住 埼玉県深谷市岡688-1 営 8:00~19:00(直売所8:30~19:00、そば蔵8:00~LO17:30、おむすびショップ百縁むすび9:00~18:00) 休 なし P あり 交 JR「岡部」駅から車で5分

❹渋沢栄一カフェオレ
❺渋沢平九郎カフェオレ **各480円**

ココアパウダーで描いた顔が浮かぶカフェオレ。丁寧に入れたサイフォンコーヒーはコクがある

カフェ花見《かふぇはなみ》

創業45年。地元の人々を中心に愛されるカフェ。オムライスやカレーライス、深谷市のご当地グルメ「ふかやカレーやきそば」などフードメニューもおすすめ。

【DATA】 ☎048-571-0528 住 埼玉県深谷市仲町2-7 営 10:00～20:00 休 水曜 P あり 交 JR「深谷」駅から徒歩5分

渋沢栄一翁が愛した オートミールクッキー
(1個2枚入り) **129円**
(6個12枚箱入り) **886円**

渋沢栄一が好んで食べていたといわれるオートミールを使用。甘さ控えめに仕上げたキャラメル味のクッキー

渋沢栄一翁最中
(1個) **248円**
(6個箱入り) **1,684円**

自家製のこし餡と白いんげんがたっぷり入ったオリジナル最中

西倉西間堂《にしくらせいまどう》

昭和42(1967)年創業。埼玉県産の食材を積極的に使い、多彩な和洋菓子を手掛ける。オートミールクッキーは地元の高校生との共同開発。新たなみやげとして話題に。

【DATA】 ☎048-585-2432 住 埼玉県深谷市岡2-23-23 営 8:30～19:00 休 水曜 P あり 交 JR「岡部」駅から徒歩5分

※価格はすべて税込です

渋沢栄一が関わった約600に及ぶ企業等 （五十音順）

渋沢が関わった当時の企業等

【あ行】
001 青木漁猟組
002 青木商会
003 青山製氷会社
004 秋田銀行
005 安積絹糸紡績会社
006 浅野回漕店
007 浅野鉱山部熊沢硫黄山
008 浅野工場
009 浅野小倉製鋼所
010 浅野セメント㈾
011 浅野セメント㈱
012 浅野造船所
013 浅野超高級セメント
014 旭焼組合
015 足尾鉱山組合
016 亜麻仁油製造
017 荒川鉱山
018 荒川水力電気
019 石狩石炭
020 石川島造船所
021 石川島飛行機製作所
022 石川島平野造船所
023 伊勢勝白煉瓦製造所
024 猪苗代水力電気
025 茨城採炭
026 磐城硝子会社
027 磐城炭礦
028 磐城炭礦社
029 磐城鉄道
030 岩橋リボン製織所
031 浦賀船渠
032 浦賀船渠会社
033 越後鉄道
034 王子製紙
035 王子倉庫
036 大阪瓦斯
037 大阪株式取引所
038 大坂汽車製造
039 大阪銀行集会所
040 大阪交換所
041 大阪堂島米商会所
042 大阪同盟銀行集会所
043 大阪紡績
044 大阪紡績会社
045 大島製鋼所
046 大鳥鉱山
047 大船渡築港鉄道
048 岡田屋呉服店
049 岡部山林
050 沖商会
051 沖電気
052 小樽木材
053 小野組糸方

【か行】
054 化学研究所
055 掛川鉄道
056 火災保険会
057 加州銀行
058 鐘淵紡績
059 鐘淵紡績会社
060 樺太工業
061 岩越鉄道
062 函樽鉄道
063 神田銀行
064 関東・東北商業会議所聯合協議会
065 関門架橋
066 生糸改会社
067 汽車製造㈾
068 汽車製造
069 木曾興業
070 北カラフト鉱業
071 畿内電気鉄道
072 九州商業銀行
073 九州製鋼
074 九州鉄道
075 京越電気鉄道
076 共同運輸会社
077 共同漁業
078 共同精米
079 京都織物
080 京都織物会社
081 京都銀行集会所
082 京都鉄道
083 京都陶器会社
084 魚介養殖
085 銀行倶楽部
086 銀行苦楽部
087 （銀行集会所）手形取引所
088 （銀行集会所）東京手形取引所付属交換所
089 銀行集会所
090 金城鉄道
091 均融会社
092 熊谷銀行
093 黒須銀行
094 群馬電気鉄道会社
095 経済雑誌社
096 京板鉄道
097 京阪鉄道
098 京阪電気鉄道
099 京北鉄道
100 交換所組合銀行連合会
101 工業所有権保護協会
102 航空輸送会社
103 神戸電気鉄道
104 耕牧舎
105 郡山絹糸紡績
106 国際通信
107 国際通信社
108 国産奨励会
109 ㈶国産奨励会
110 国民科学研究所
111 小倉鉄道
112 湖南汽船

【さ行】
113 堺セルロイド
114 桜組
115 ㈾桜組
116 ㈱桜組
117 札幌麦酒
118 札幌麦酒会社
119 三共
120 参宮鉄道
121 三十九銀行
122 三本木開墾
123 三本木共立開墾会社
124 三本木渋沢農場
125 志賀工業所
126 （匿）志賀工業所
127 七十七銀行
128 実業之日本社
129 品川硝子会社
130 品川白煉瓦㈱
131 品川白煉瓦㈾
132 品川白煉瓦製造所
133 渋沢家洲崎養魚場
134 渋沢商店
135 澁澤倉庫
136 澁澤倉庫部（匿）
137 澁澤倉庫部
138 渋沢貿易
139 清水組
140 清水屋（清水組）
141 下野麻紡織会社
142 下野製麻
143 抄紙会社
144 ジャパン・ツーリスト・ビューロー
145 ジャパン・ブルワリー・カンパニー
146 秀英舎
147 十五銀行
148 熟皮
149 商業会議所聯合会
150 商況社
151 常磐炭礦鉄道会社
152 上武鉄道
153 洲崎養魚
154 駿甲鉄道会社
155 製紙会社
156 生秀館
157 製藍会社
158 仙石原地所
159 先収会社
160 千住製絨所
161 倉庫会社
162 総武鉄道

正面から見た帝国ホテル、初代本館

旧新橋駅頭の東京馬車鉄道。明治33（1900）年頃

銀座通りを走る東京電気鉄道。明治45（1912）年頃

大正期の札幌駅

七十七銀行（仙台）
二代日本店ビル（芭蕉の辻）
昭和5（1930）年頃

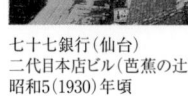

渋沢栄一が関わった約600に及ぶ企業等 （五十音順）

渋沢が関わった当時の企業等

【た行】
163 第一火災海上保険
164 第一銀行
165 第一国立銀行
166 第一国立銀行秋田支店
167 第一国立銀行石巻支店
168 第一国立銀行金沢支店
169 第一国立銀行仙台支店
170 第五十九国立銀行
171 第三十三国立銀行
172 第三十二国立銀行
173 第四十三国立銀行
174 第七十七国立銀行
175 大社鉄道
176 大社両山鉄道
177 第十銀行
178 第十九国立銀行
179 第十国立銀行
180 第十八国立銀行
181 第十六国立銀行
182 大正園
183 第二国立銀行
184 第二十国立銀行
185 第二十三国立銀行
186 第二十二国立銀行
187 大日本運送
188 大日本塩業
189 大日本遠洋漁業
190 大日本勧業会社
191 大日本人造肥料
192 大日本水産
193 大日本麦酒
194 大日本米穀会
195 大日本有限責任
東京電灯会社
196 大日本製糖
197 第八十九国立銀行
198 第六十九国立銀行
199 第六十八国立銀行
200 高岡共立銀行
201 田川採炭
202 択善会
203 田中工場
204 筑豊興業鉄道会社
205 筑豊鉄道
206 秩父セメント
207 中央開墾
208 中央製紙
209 中外商業新報社
210 ㈱中外商業新報社
211 中外商行会社
212 中外物価新報局
213 朝陽館
214 筑波鉄道
215 鶴見埋立組合
216 鶴見埋築
217 帝国開墾
218 帝国火災保険
219 帝国劇場
220 帝国興信社
221 帝国蚕糸
222 帝国商業銀行
223 帝国精糖
224 帝国製麻
225 帝国発明協会
226 帝国ヘット
227 帝国紡織
228 帝国ホテル㈱
229 ㈱帝国ホテル
230 帝国ホテル会社
231 鉄道会社
232 田園都市
233 電気化学工業
234 電話会社
235 東海倉庫
236 東京石川島造船所
237 東京印刷
238 東京運河土地
239 東京園芸
240 東京会館
241 ㈱東京会館
242 東京会議所瓦斯掛
（瓦斯課）
243 東京海上火災保険
244 東京海上保険
245 東京海上保険会社
246 東京蠣殻町米商会所
247 東京瓦斯
248 東京瓦斯会社
249 東京瓦斯鉄道
250 東京兜町米商会所
251 東京株式取引所
252 東京為替会社
253 東京銀塊取引所
254 東京銀行倶楽部
255 東京銀行集会所
256 （東京銀行集会所）
為替取組所
257 （東京銀行集会所）
東京交換所
258 ㈳東京銀行集会所
259 東京軽便地下鉄道
260 東京毛織物
261 東京交換所
262 東京興信所
263 ㈱東京興信所
264 東京栄銀行
265 東京市街鉄道
266 東京商業会議所
267 東京商工会
268 東京商品取引所
269 東京商法会議所
270 東京人造肥料
271 東京人造肥料会社
272 東京水道会社
273 東京水力電気
274 東京製綱
275 東京製綱会社
276 東京建物
277 東京地下鉄道
278 東京貯蓄銀行
279 東京鉄道
280 東京鉄道会社
281 東京鉄道組合
282 東京電気鉄道
283 東京電車鉄道
284 東京電灯会社
285 東京電力
286 東京取引所
287 東京馬車鉄道会社
288 東京風帆船会社
289 東京府瓦斯局
290 東京米穀商品取引所
291 東京米商会所
292 東京帽子
293 東京ホテル
294 東京綿商社
295 東京モスリン紡織
296 東京薬品会社
297 東京湾埋立
298 東京湾汽船
299 東京湾汽船会社
300 東武煉瓦
301 東邦火災保険
302 東北拓殖
303 東明火災海上保険
304 東洋亜鉛煉工所
305 東洋瓦斯試験所
306 東洋硝子
307 東洋硝子製造
308 東洋汽船
309 東洋経済新報社
310 東洋護謨
311 東洋浚渫
312 東洋製鉄
313 東洋生命保険
314 東洋電機
315 東洋電機製造
316 東洋紡績
317 東洋薬品
318 十勝開墾㈾
319 十勝開墾㈱
320 常盤水力電気
321 常盤ホテル
322 土佐鉱山
323 富岡製糸場
324 豊国銀行

第一国立銀行（兜町）
上：初代本店 下：二代目本店

東京株式取引所
上：明治14（1881）年頃
下：明治32～大正12（1899～1923）年頃

十勝開墾合資会社
上：事務所、明治42（1909）年
下：大正8（1919）年建設当時の畜舎

渋沢栄一が関わった約600に及ぶ企業等 （五十音順）

渋沢が関わった当時の企業等

【な行】
325 内外信託
326 内外用達会社
327 内外通信社
328 中井銀行
329 ㈴中井商店
330 ㈱中井商店
331 長門無煙炭礦
332 名古屋瓦斯
333 名古屋銀行集会所
334 名古屋電力
335 南豊鉄道
336 西成鉄道
337 二十銀行
338 日英金融商会
339 日英水力電気
340 日米缶詰会社
341 日米電信
342 日露貿易
343 日光鉄道会社
344 日光ホテル会社
345 日清火災保険
346 日清汽船
347 日清生命保険
348 日報社
349 日本板硝子
350 日本鉛管製造
351 日本化学工業
352 日本勧業銀行
353 日本汽船
354 日本銀行
355 日本経済聯盟会
356 日本鋼管
357 日本興業銀行
358 日本工業倶楽部
359 日本航空輸送
360 日本広告
361 日本醋酸製造
362 日本産業協会
363 日本自働車
364 日本熟皮会社
365 日本傷害保険
366 日本食塩コークス
367 日本水産会社
368 日本精糖
369 日本製帽会社
370 日本舎密製造
371 日本石膏
372 日本染料製造
373 日本耐火防腐
374 日本畜産
375 日本中央製錬
376 日本徴兵保険
377 日本鉄道
378 日本鉄道会社
379 日本電報通信社
380 日本土木会社
381 日本陶料
382 日本皮革
383 日本放送協会
384 日本無線電信
385 日本郵船
386 日本郵船会社
387 日本輸出米商社
388 日本煉瓦製造
389 日本煉瓦製造会社
390 濃勢鉄道会社
391 野蒜築港会社

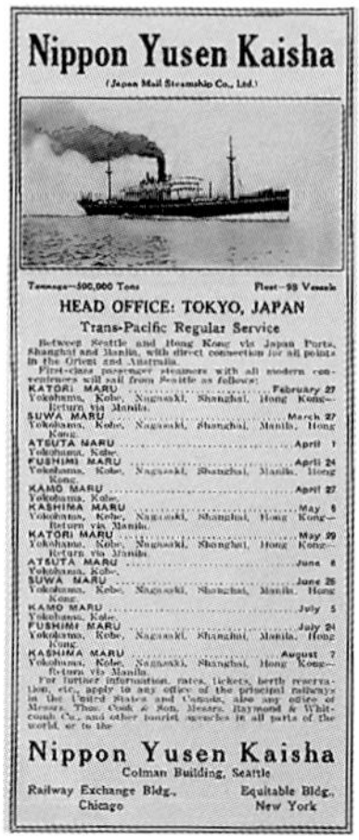

日本郵船会社の広告
大正7(1918)年頃

【は行】
392 函館水電
393 函館船渠
394 函館土地
395 函館馬車鉄道
396 箱根温泉供給
397 八十四銀行
398 浜崎鉄道
399 万歳生命保険
400 非常報知機
401 日出紡織
402 平岡工場
403 広島呉電力
404 広島水力電気
405 広島電気
406 風帆船会社
407 富士製鋼
408 富士身延鉄道
409 武上電気鉄道会社
410 藤原炭礦会社
411 扶桑海上保険
412 復興建築助成
413 仏国通商
414 不動嶋鉱山
415 船越鉄道
416 船越鉄道㈱
417 扶揺舍
418 紡績組合
419 房総漁産会社
420 宝田石油
421 北越商会
422 北越石油
423 北越鉄道
424 北陸銀行
425 北海道瓦斯
426 北海道製麻
427 北海道製麻会社
428 北海道拓殖銀行
429 北海道炭礦鉄道会社
430 北海道鉄道
431 堀越商会

【ま行】
432 三重紡績
433 三重紡績会社
434 三河セメント工場
435 御木本真珠
436 三井銀行
437 三井物産会社
438 三越呉服店
439 水戸鉄道会社
440 南日本製糖
441 宮城屋貯蓄銀行
442 武蔵水電
443 明教保険
444 明治火災保険
445 明治製糖
446 目黒蒲田電鉄
447 毛武鉄道
448 門司瓦斯
449 門司セメント
450 門司築港会社

【や行】
451 八重山糖業
452 八基信用購買販売組合
453 山本工場
454 友玉園製陶所
455 横浜火災保険
456 横浜株式米穀取引所
457 横浜為替会社
458 横浜蚕糸外四品取引所
459 横浜正金銀行
460 横浜船渠
461 横浜船渠会社
462 横浜取引所
463 横浜米塩雑穀取引所
464 横浜洋銀取引所
465 横浜四品取引所
466 依田西村組
467 四日市製紙
468 四日市製紙会社
469 四日市精油会社

【ら･わ行】
470 理化学研究所
471 (財)理化学研究所
472 理化学興業
473 陸羽電気鉄道
474 柳林農社
475 両山鉄道
476 両毛鉄道
477 両毛鉄道会社
478 聯成社
479 六十九銀行
480 若松築港
481 若松築港会社

北海道拓殖銀行
明治43(1910)年頃

三井銀行本店
明治43(1910)年頃

三越呉服店 仮営業所
明治時代後期

渋沢栄一が関わった約600に及ぶ企業等（五十音順）

渋沢が関わった現在の企業等

【あ行】
001 IHI
002 あいおいニッセイ
同和損害保険
003 青森銀行
004 秋田銀行
005 朝日生命保険
006 アサヒビール
007 イオン
008 いすゞ自動車
009 エコナックホールディングス
010 NSユナイテッド海運
011 王子製紙
012 大分銀行
013 大阪ガス
014 大阪銀行協会
015 大阪堂島商品取引所
016 大阪取引所
017 オーベクス
018 オーロラ
019 沖電気工業
020 小田急電鉄

【か行】
021 科研製薬
022 片倉工業
023 カネボウ化粧品
024 川崎重工業
025 関西電力
026 関東鉄道
027 九州電力
028 九州旅客鉄道
029 共同通信社
030 京都銀行協会
031 京都ホテル
032 麒麟麦酒
033 クラシエホールディングス
034 黒崎播磨
035 群馬銀行
036 京王電鉄
037 京阪電気鉄道
038 京浜急行電鉄
039 KDDI
040 KBセーレン
041 神戸市交通局

【さ行】
042 埼玉りそな銀行
043 西部ガス
044 サッポロビール
045 サンアグロ
046 三機工業
047 サン・トーア
048 JXTGエネルギー
049 JFEスチール
050 JTB
051 四国電力
052 時事通信社
053 七十七銀行
054 実業之日本社
055 品川リフラクトリーズ
056 澁澤倉庫
057 清水建設
058 十八銀行
059 十六銀行
060 商船三井
061 常磐興産
062 住友化学
063 住友重機械工業
064 全国銀行協会
065 損害保険ジャパン日本興亜

【た行】
066 第一三共
067 大成建設
068 ダイセル
069 ダイトウボウ
070 大日本印刷
071 大日本明治製糖
072 太平洋セメント
073 大和紡績
074 立飛ホールディングス
075 秩父鉄道
076 中国電力
077 中電配電サポート
078 中部電力
079 T&Dフィナンシャル
生命保険
080 帝国繊維
081 帝国データバンク
082 帝国ホテル
083 帝蚕倉庫
084 帝人
085 デンカ
086 電通
087 東亜建設工業
088 東海汽船
089 東海旅客鉄道
090 東急不動産
091 東京會舘
092 東京ガス
093 東急
094 東京証券取引所
095 東京商工会議所
096 東京商品取引所
097 東京製綱
098 東京建物
099 東京地下鉄
100 東京電力ホールディングス
101 東京都交通局
102 東京都水道局
103 東宝
104 東邦ガス
105 東北電力
106 東洋経済新報社
107 東陽倉庫
108 東洋電機製造
109 東洋紡
110 東レ
111 東京海上日動火災保険
112 豊田通商

【な行】
113 名古屋銀行協会
114 南都銀行
115 西日本旅客鉄道
116 日塩
117 日産化学
118 日新火災海上保険
119 日東紡績
120 ニッピ
121 日本銀行
122 日本水産
123 日本製紙
124 日本放送協会
125 日本郵船
126 日本化学工業
127 日本紙パルプ商事
128 日本経済新聞社
129 日本経済団体連合会
130 日本工業倶楽部
131 日本コークス工業
132 日本産業協会
133 日本商工会議所
134 日本製鋼所
135 日本曹達
136 日本陶料
137 日本マレニット

【は行】
138 博報堂
139 函館市電
140 函館どつく
141 函館バス
142 箱根温泉供給
143 八十二銀行
144 発明協会
145 発明推進協会
146 阪急電鉄
147 東日本旅客鉄道
148 肥後銀行
149 日立造船
150 ふかや農業協同組合
八基支店
151 富士ゼロックス
152 富士フイルム
153 プルデンシャル ジブラルタ
ファイナンシャル生命保険
154 古河機械金属
155 平和不動産
156 北越銀行
157 北洋銀行
158 北陸銀行
159 北陸電力
160 北海道瓦斯
161 北海道炭礦汽船
162 北海道電力
163 北海道旅客鉄道
164 北國銀行

【ま行】
165 毎日新聞社
166 マニュライフ生命保険
167 ミキモト
168 みずほ銀行
169 三井E&S造船
170 三井住友海上火災保険
171 三井住友銀行
172 三井住友信託銀行
173 三井物産
174 三越伊勢丹
175 三菱重工業
176 三菱倉庫
177 三菱マテリアル
178 三菱UFJ銀行

【や行】
179 八潮運輸
180 山梨中央銀行
181 友玉園セラミックス
182 横浜銀行

【ら・わ行】
183 リーガルコーポレーション
184 理化学研究所
185 りそな銀行
186 若築建設

開業当時の函館市電
大正2（1913）年頃

東京証券取引所
昭和35（1960）年頃

渋沢栄一の言葉

『論語と算盤』より

人が世の中に処して行くのには、
形勢を観望して
気長に時期の到来を待つということも、
決して忘れてはならぬ心掛けである。

得意時代だからとて気を緩さず、
失意の時だからとて落胆せず、
情操をもって道理を踏み通すように、
心掛けて出ることが肝要である。

口は禍《か》福《ふく》の門なり
余のごときは多弁の為に禍《わざわい》もあるが、
これによってまた福《ふく》も来るのである。

真正の文明は強力と富実とを
兼ね備うるものでなければならぬ。

仁義道徳に欠けると、
世の中の仕事というものは、
段々衰微してしまうのである。

孝行は親がさしてくれて、
初めて子ができるもので、
子が孝をするものではなく、
親が子に孝をさせるのである。

成功や失敗のごときは、
ただ丹精した人の身に残る
糟粕《そうはく》のようなものである。

編　　集　MOVE
執　　筆　MOVE、角田真弓、菊地裕子、八木俊介
デザイン　本間デザイン事務所
写　　真　泉田真人
写真協力　渋沢栄一記念館、渋沢史料館、埼玉県深谷市、東京都北区、群馬県富岡市
地　　図　後藤和則
参考文献　『渋沢栄一伝記資料』渋沢青淵記念財団竜門社編（渋沢栄一伝記資料刊行会）
『渋沢栄一——日本のインフラを創った民間経済の巨人』木村昌人（ちくま新書）
『徳川慶喜と渋沢栄一』安藤優一郎（日本経済新聞出版社）
『日本の資本主義を作った男　渋沢栄一』（宝島社）
『はじめての渋沢栄一——探求の道しるべ』渋沢研究会編（ミネルヴァ書房）
『論語と算盤』渋沢栄一（角川ソフィア文庫）
印刷・製本　株式会社シナノ

歴史紀行ガイド

渋沢栄一の足跡をたどる旅

第 1 刷　2021年1月18日

著　　者　「渋沢栄一の足跡をたどる旅」製作委員会
発 行 者　田中賢一
発　　行　株式会社 東京ニュース通信社
〒104-8415 東京都中央区銀座7-16-3
電話 03-6367-8004
発　　売　株式会社 講談社
〒112-8001 東京都文京区音羽2-12-21
電話 03-5395-3606

ISBN978-4-06-521227-1